新譯公孫龍子

丁成泉　注譯
黃志民　校閱

三民書局

國家圖書館出版品預行編目資料

新譯公孫龍子／丁成泉注譯;黃志民校閱.——二版三刷.——臺北市：三民，2022
面； 公分.——(古籍今注新譯叢書)

ISBN 978-957-14-5053-7 （平裝）
1.公孫龍子 2.注釋

121.541 97009549

古籍今注新譯叢書

新譯公孫龍子

注譯者 丁成泉
校閱者 黃志民

發行人 劉振強
出版者 三民書局股份有限公司
地址 臺北市復興北路386號(復北門市)
臺北市重慶南路一段61號(重南門市)
電話 (02)25006600
網址 三民網路書店 https://www.sanmin.com.tw

出版日期 初版一刷 1996年1月
二版一刷 2008年8月
二版三刷 2022年7月
書籍編號 S031090
ISBN 978-957-14-5053-7

刊印古籍今注新譯叢書緣起

劉振強

人類歷史發展，每至偏執一端，往而不返的關頭，總有一股新興的反本運動繼起，要求回顧過往的源頭，從中汲取新生的創造力量。孔子所謂的述而不作，溫故知新，以及西方文藝復興所強調的再生精神，都體現了創造源頭這股日新不竭的力量。古典之所以重要，古籍之所以不可不讀，正在這層尋本與啟示的意義上。處於現代世界而倡言讀古書，並不是迷信傳統，更不是故步自封；而是當我們愈懂得聆聽來自根源的聲音，我們就愈懂得如何向歷史追問，也就愈能夠清醒正對當世的苦厄。要擴大心量，冥契古今心靈，會通宇宙精神，不能不由學會讀古書這一層根本的工夫做起。

基於這樣的想法，本局自草創以來，即懷著注譯傳統重要典籍的理想，由第一部的四書做起，希望藉由文字障礙的掃除，幫助有心的讀者，打開禁錮於古老話語中的豐沛寶藏。我們工作的原則是「兼取諸家，直注明解」。一方面熔鑄眾說，擇善而從；一方面也力求明白可喻，達到學術普及化的要求。叢書自陸續出刊以來，頗受各界的喜愛，使我們得到很大的鼓勵，也有信心繼續推廣這項工作。隨著海峽兩岸的交流，我們注譯的成員，也由臺灣各大學的教授，擴及大陸各有專長的學者。陣容的充實，使我們有更多的資源，整理更多樣化的古籍。兼採經、史、子、集四部的要典，重拾對通才器識的重視，將是我們進一步工作的目標。

古籍的注譯，固然是一件繁難的工作，但其實也只是整個工作的開端而已，最後的完成與意義的賦予，全賴讀者的閱讀與自得自證。我們期望這項工作能有助於為世界文化的未來匯流，注入一股源頭活水；也希望各界博雅君子不吝指正，讓我們的步伐能夠更堅穩地走下去。

新譯公孫龍子　目次

導讀

（一）

公孫龍，姓公孫，名龍，字子秉。戰國時代趙國人，也有說他是魏國人。他大約生於周顯王四十四年（西元前三二五年），死於周惠公六年（西元前二五〇年），最活躍的年代是在周赧王三十年至五十年間，曾經是趙國平原君的門下士。但他不是一位政治活動家，而是一位學者，一位出色的辯論家。辯論家在當時被稱為「辯者」。他和著名的思想家莊子、荀子、韓非子等，是先後同時的人，在莊子等人的著作中，都提到過他的一些活動與言論。而後來的《呂氏春秋》、《戰國策》等書中，則比較細緻地記述了他的一些小故事，由此可見公孫龍在當時就頗有影響。

在《莊子・天下》裡，記載了公孫龍和桓團等辯者提出的一些有趣的論題，如「卵有毛；雞三足；郢有天下；犬可以為羊；馬有卵」；「飛鳥之景（影）未嘗動也；鏃矢之疾，而有不行不止之時」；「一尺之棰，日取其半，萬世不竭」等等，共有二十一道。因為莊子沒有區分這些論題各為何人所論，而公孫龍的著作早已大部分失傳了，我們無法知道其中的哪些論題是屬於公孫龍的。所有這些論題的共同特點是「怪」，他們故意用一些非常曲折而又與眾不同的道理，來論述事物和闡明觀點，往往出人意料。他們的思辯方法的突出特點是，撇開一切感官經驗的綜合，單純從邏輯概念上進行抽象的分析，因而往往得出一些怪怪奇奇的荒謬的結論，如公孫龍所說的白馬不是馬，只有堅石和白石，而沒有又堅又白的石頭，便是著名的例子。莊子指出他們的這些論辯「能勝人之口，不能服人之心」，《莊子・天下》是切中要害的。在《荀子》和《韓非子》中，則或從公孫龍等人的學說的社會效果方面，或從其與儒家及法家學說相牴觸方面，進行指摘與否定，這從學派論爭上說來，是正常的，而這也恰好證明公孫龍的學說已經成為一家之言，確立了不容忽視的地位。

《呂氏春秋・淫辭》裡記載了這樣一件事：趙國和秦國締結了一項條約，這項條約規定：自今以後，凡是秦國要做的事，趙國必須支持；凡是趙國要做的事，秦國也必須幫助。締約之後不久，秦國出兵攻打魏國，而趙國則救助魏國。秦王派人指責趙王說，你不僅不支持我的行動，反而要救魏國，這豈不是違反了我們締結的條約？趙王把這件事告訴了平原君，平原君便請公孫龍出主意，對付秦國的指責。於是公孫龍說，趙國也可以派人去指責秦國，就說趙國要救魏國，而秦國偏偏不幫助趙國去完成要做的事，這是不合兩國所定條約的。公孫龍的這個主意妙極了，妙在他恰當地運用形式邏輯。因為締約的秦趙雙方，都可以根據條約來指責對方背約，而任何一方的指責，都是合乎邏輯的。然而，秦國和趙國的這種相互指責，何時才能夠了結呢？由此可見，形式邏輯、形上學，是不能解決實際矛盾的，這一點我們留待後面再討論。

《戰國策‧趙策》裡記載：當秦國攻打趙國的時候，平原君求救於魏國，魏國信陵君發兵至邯鄲城下，秦國退兵了。於是，虞卿（趙國的上卿）向趙王為平原君請賞，趙王準備將東武城封賞給平原君。公孫龍知道這件事後，勸阻平原君說，這次秦國退兵，你並沒有斬將殺敵之功。趙國許多有功的人，地位都在你之下，而你卻做了趙國的相國，這是因為你是趙王的親戚。現在，你如果接受封賞，那就等於以親戚關係當了相國，又以國人的身分邀功請賞，這是很不恰當的。平原君採納了公孫龍的意見，謝絕了趙王的封賞。公孫龍的這一建議，顯然和他處處講求名實相符的思想有關係。

《呂氏春秋》還記述了公孫龍勸說趙惠王以及勸說燕昭王「偃兵」的事，「偃兵」就是停止軍事活動。他對趙惠王說，偃兵的用意，在於兼愛天下的人。這表明他接受了墨子「兼愛」的思想主張。此外，他也接受了儒家學說的影響，例如有一次梁國的國君出獵，正要射殺一群白雁，恰巧路上有行人經過，梁君怕驚動白雁，命令行人停下來，行人不聽，因而驚散了雁群，梁君大怒，要殺掉行人。公孫龍立即勸阻，並對梁王講述過去齊景公以身代民求雨的故事，梁君很受感動，就赦免了行人。（見《太平御覽・卷三九〇》引《說苑》逸文）從這件事情看來，公孫龍很有些儒家仁愛的作風與氣度。

然而，公孫龍既不是儒家弟子，也不是墨家門徒，而是名家學派的創始人之一，是名家最著名的領袖人物。他能夠留名於後世，不是由於他的事功，而是由於他創立的學說，由於他對中國古代哲學和邏輯學的貢獻。

（二）

提起公孫龍的學說，人們首先想到的便是他的著名論題「白馬非馬」。曾經流傳過一個故事，公孫龍騎著一匹白馬，要穿過一道關，守關的人說，馬不許過關。公孫龍爭辯說，我騎的不是馬而是白馬，白馬非馬，說著便連人帶馬過關去了。（見徐堅《初學記・卷七》引劉向《七略》）但是另有一種說法，公孫龍經常與人爭論「白馬非馬」，人們都辯不贏他，有一次，他騎著白馬要出關去，手中又沒有帶通行文書，守關的官吏不放行，他與官吏爭辯起來，說白馬非馬，官吏不聽他那一套空話，不予過關。（見《太平御覽・卷四六四・人事部》引桓譚《新論》）兩種截然相反的傳說，多少反映了兩漢時期人們對公孫龍學說的不同態度與評價，前者讚許公孫龍的論辯雄風，而後者則將他的論辯看做沒有價值的空談。

作為名家學派最著名的領袖，公孫龍的學說，無疑是具有完整的思想體系的，可惜的是他的著述已大部分散失了，我們已無法了解他的學說的全貌。根據《漢書・藝文志》的記載，《公孫龍子》有十四篇，大約到隋朝時就只剩下六篇了，這就是我們現在看到的〈跡府〉、〈白馬論〉、〈指物論〉、〈通變論〉、〈堅白論〉、〈名實論〉。這六篇論著中，〈跡府〉一篇顯然是他人所作，其餘五篇，一般都認為是公孫龍的手筆無疑。從現有的這五篇論著看來，也大致能自成體系，反映出公孫龍哲學思想的獨特風貌。現代的哲學家，將它概括為「共相論」，或稱為「客觀唯心主義和形而上學」，這代表了現代人對《公孫龍子》的看法與評價。

春秋戰國時代，是一個社會激烈變動的時代，也是一個學術思想極為活躍的百家爭鳴的時代，各種學派林立，相與爭勝。名家就是「百家」中的一家。據《漢書・藝文志》所錄，名家共有七人三十六篇著作。這七人是：鄧析、尹文、公孫龍、成公生、惠施、黃公、毛公。他們的生平行事大多已不可詳知，著作也大都失傳了。不過，他們都是當日有名的「辯者」，他們的言行在先秦及兩漢的書籍中，多有零星的記載，從那些記載，可知這些人有個共同的特點，就是喜歡與別人辯論，並且喜歡發表一些怪言論。人家肯定的，他們偏偏要否定；人家否定的，他們偏偏要肯定。這些人差不多都富於辯論的天才，都是口若懸河的辯論高手。與他們辯論的人，縱然道理在握，也辯不過他們，而他們卻能在論敵面前從容應付，往往理屈而辭不窮，這在《公孫龍子》中便不乏其例。正因此，公孫龍曾很自豪地說：「龍少學先王之道，長而明仁義之行。合同異，離堅白；然不然，可不可；困百家之知，窮眾口之辯。」（《莊子・秋水》）這些話，至今讀來，仍可以讓人想見其雄辯的風采。

在鄧析等七人中，鄧析和尹文，大約是這個學派的先驅人物。尹文的生平事跡，典籍中記載很少，只知道他是齊國人，曾經與齊宣王談論天下治道。今傳《尹文子》一書，分為〈大道上〉和〈大道下〉，其內容與思想比較駁雜，前人說他「言大道，又言名分，又曰仁義禮樂，又言法術權勢」。（高似孫《尹文子考略》）但是，由於他「萬事萬物，則一一綜核其實」，（《四庫全書總目提要・尹文子提要》）這大約是《漢書・藝文志》將其歸入名家的原因吧。鄧析是鄭國人，今傳《鄧析子》一卷，分為〈無厚〉和〈轉辭〉二篇。據《呂氏春秋》的記載，鄧析在當時十分活躍。子產在鄭國執政，施行法治，而鄧析故意與子產作對，借用劉向上《鄧析子》奏文裡的話來說，鄧析很善於「操兩可之說，設無窮之辭」。他好替民間打官司，每打一場官司，當事人只需送給他一件衣裳作報酬就行了。於是民間爭訟大興，鄭國大亂，而向他學習打官司的人越來越多，子產不能容忍，便將鄧析殺死了。什麼是「操兩可之說，設無窮之辭」呢?這裡只舉個「操兩可之說」的例子,《呂氏春秋・離謂》記述了這樣一件事:鄭國有位富人,被大水淹死,屍體被人撈去。富人的家屬要求贖屍,撈屍的人要價很高,富人家屬不甘心被敲詐,便請鄧析出主意,鄧析說,你不要著急,他不賣給你還能賣給誰呢?於是,撈屍的人等急了,也找鄧析出主意,鄧析說,你不要著急,他不向你買還能向誰買呢?這就是「操兩可之說」。這件事的結果如何,《呂氏春秋》沒有說,不過我們可以推測出那後果一定是很糟的。鄧析的這個故事,自然使人聯想到前面說過的公孫龍替趙國出主意,使趙國指責秦國背約那件事,公孫龍所用的方法,和鄧析所用的如出一轍。他們的共同之點是:完全不顧事情的是與非,僅僅從形式邏輯著眼,而對事情任意地做出解釋。這種方法,從哲學上說,就是只重視「名」,而絲毫不顧及「實」。不過,鄧析雖然能夠「操兩可之說」,卻未能將他的實踐提昇為學說,而公孫龍就大不相同了。

公孫龍是名家學派的真正創建人之一,和他一樣是這個學派創建人的還有惠施,他們是繼尹文、鄧析之後,探究名實之學的佼佼者。在了解公孫龍學說時,不能不了解惠施。

惠施約生於周烈王六年（西元前三七〇年），死於周慎靚王三年（西元前三一八年），宋國人。他比公孫龍年長，他的著作已經全部散失了，也沒有後人輯錄成的書，這是很遺憾的。關於惠施和他的學說，我們僅能由《莊子》、《荀子》、《韓非子》、《呂氏春秋》等著作中記錄的一些材料得知其梗概。惠施曾經做過魏國的相，還做過梁國的相。他學識淵博，《莊子・天下》說：「惠施多方，其書五車。」方是方術，指醫藥、占卜等技術。一個人掌握多種技術，又讀過五車書，這在當時是了不得的學問。〈天下〉還說惠施能夠「遍為萬物說」，並且舉了個例子，說南方有個怪人叫黃繚，曾向惠施一口氣提出許多怪問題，諸如天為什麼不下墜，地為什麼不下陷，風雨雷霆是怎樣產生的等等，惠施不加選擇也不假思索的一一做了解答。這說明惠施對於大自然，具有相當豐富的知識。然而，最能表現惠施哲學思想的，還是〈天下〉記錄下來的「歷物十事」，所謂「歷物」，是指探究天地萬物，「十事」，是由「歷物」中提出來的十個命題，這就是：

至大無外，謂之大一；至小無內，謂之小一。

無厚不可積也，其大千里。

天與地卑，山與澤平。

日方中方睨，物方生方死。

大同而與小同異，此之謂小同異；萬物畢同畢異，此之謂大同異。

南方無窮而有窮。

今日適越而昔來。

連環可解也。

我知天下之中央，燕之北、越之南是也。

氾愛萬物，天地一體也。

上面這十個命題，馮友蘭先生在他所著的《中國哲學簡史》中，作了簡要的詮釋，並且將惠施的全部哲學觀點，概括為「相對論」，又與公孫龍的哲學觀點相比較，指出：「惠施、公孫龍代表名家中的兩種趨向，一種是強調實的相對性，另一種是強調名的絕對性。」「惠施強調實際事物是可變的、相對的這個事實，公孫龍則強調名是不變的、絕對的這個事實。」這些見解，都是很精闢的。此外，六〇年代末，由任繼愈先生主編的《中國哲學史》，對惠施哲學做了新的論述，也不乏獨到的見解，這裡就不做具體介紹了。

公孫龍的哲學思想，本來就與惠施的哲學思想存在著天然的聯繫。莊子在他的〈天下〉裡，記述了惠施的「歷物十事」之後，緊接著寫道：「惠施以此為大觀於天下，而曉辯者，天下之辯者，相與樂之。卵有毛；雞三足；郢有天下；犬可以為羊；馬有卵；……辯者以此與惠施相應，終身無窮。桓團、公孫龍，辯者之徒。」從這段文字看，莊子是把公孫龍和惠施緊密聯繫在一起的，他們的哲學思想的關係，無論是說淵源關係，還是並列關係，總而言之，他們是一個學派，這是客觀存在的歷史事實。正是惠施的「歷物十事」和公孫龍的論著，奠定了名家學派的思想和理論的基石，這是不容置疑的。

惠施和公孫龍，都致力於名實之學的探究，但是，正如馮友蘭先生所說，他們代表名家學派中的兩種傾向，惠施著重於「實」的方面的探究，公孫龍著重於「名」的方面的探究；惠施強調「實」的相對性，所以說惠施的學說，講的是「相對論」；公孫龍強調「名」的絕對性，所以說公孫龍的學說，講的是「共相論」，這是對於兩家學說的高度哲學概括。那麼，「共相論」是否符合《公孫龍子》的實際呢？下面就現存《公孫龍子》中的五篇論著，作一些具體的考察。

〈白馬論〉是公孫龍的一篇代表作，影響極大。這篇論著的論題是「白馬非馬」，對於這個論題的確切涵義，學術界的理解是不一致的，分歧在於對「非」字的解釋，多數學者解「非」為「不是」，也有的解「非」為「不同於」。說白馬不是馬，與說白馬不同於馬，這是有明顯差別的，前者否定了整個謂語，後者則語意含糊，並不否定整個謂語。而在上古漢語中，「非」這一否定副詞的使用慣例，它是一個簡單的否定副詞，用在否定句中，它所否定的是整個謂語。因此，將「非」字解釋為「不是」，雖然未能完全反映出它的語法意義（因為「非」字在上古漢語中作否定副詞用時，並不帶繫詞「是」），但是，卻準確的表達了作者的原意，因而是可取的。再從論題的理論意義上看，說白馬不是馬，這是個形上學的命題，而說白馬不同於馬，則是個可以成立的正確命題了。

公孫龍說白馬不是馬，列舉了三條理由，一條是：「馬者所以命形也，白者所以命色也，命色者非命形也，故曰白馬非馬。」這是從馬、白、白馬三者的內涵不同來論證。馬，是一種形體；白，是一種顏色；白馬，是一種顏色加上一種形體，它們三者各不相同，所以說白馬不是馬。同理，還可以說白馬的白，是加上了馬的形體的白，不是一般的白，所以「白馬非白」。從這條理由中，我們可以看出，公孫龍提出這個命題的目的，就是要闡明「名」的絕對獨立性。質言之，不管事物的實際情形究竟是怎樣的，也要維護「名」的絕對獨立性，就是說要使「名」這個東西，從「實」那裡獨立出來，處於一個「超乎形象」的世界裡。另一條是：「求馬，黃、黑馬皆可致；求白馬，黃、黑馬不可致。」因為「馬者，無去取於色」，而「白馬者，有去取於色」。這是從「馬」、「白馬」這兩個概念的外延的大小不同來進行論證，強調兩個「名」的絕對獨立性。不難看出，這仍然是脫離了「實」而孤立的在「名」上兜圈子。固然，「馬」這個概念，並不專指黃馬黑馬白馬等各色馬中的任何一種，但是，它卻包括了有白馬在內的任何一種，假如割斷了這種聯繫（即包括），那麼，也就失去了「馬」這個概念存在的現實基礎，誰曾見過那種不包括黃、黑、白等各色馬在內的純粹的馬呢？而公孫龍卻說有，那就只能是超乎形象的概念了。還有一條理由是：「馬固有色，故有白馬。使馬無色，有馬如（而）已耳，安取白馬？故白者非馬也，白馬者，馬與白也。馬與白，馬也？故曰白馬非馬也。」這是從「馬」與「白馬」的共相不同，來論證白馬不是馬，是純粹形上學的概念論。「馬固有色，故有白馬。」這句話乍一聽來，似乎是承認了白馬也是馬。但公孫龍的邏輯不是這樣，恰恰相反，他認為，白不是馬，白馬只是馬加上了白，馬加上白，能說是馬麼？馬加上白不能說是馬，結論仍然是白馬非馬。強調「馬」的共相與「白馬」的共相不同，說明馬作為馬，白馬作為白馬，兩者毫不相干，而且，白馬的白，與白作為白，也不相同，他說：「白者不定所白，忘之而可也。白馬者，言白定所白也，定所白者非白也。」這是說白馬的白，是固定在馬身上的白，它和不固定在任何物體上的白，其共相也是不同的。這就是「不定所白」與「定所白」的不同。

從以上三條理由的闡述中可以看出，一篇〈白馬論〉，就是按照形上學的概念論觀點，從內涵、外延、共相三個方面，將馬、白、白馬三個事物，仔仔細細地加以分割，並將它們一一孤立起來，以證明「名」的絕對獨立性。

〈堅白論〉，這是公孫龍的又一篇代表作，和〈白馬論〉一樣享有盛名。莊子在他的〈秋水〉裡，曾經借公孫龍本人之口，稱述其學說是「合同異，離堅白」。所謂

「合同異」，應該是我們在前面介紹過的惠施的「相對論」的核心，而公孫龍的「共相論」的核心，應該是「離堅白」，也許莊子認為，公孫龍和惠施是一派，因此聯類而及。後來，《淮南子・齊俗》稱：「公孫龍析辯抗辭，別同異，離堅白。」將「合同異」改成了「別同異」，這一字之改，對公孫龍學說的概括，更明確也更符合實際了。

「離堅白」，是〈堅白論〉的中心論題。文章從人的手、眼等感覺器官在認識事物中的不同功能入手，分析論證說：「視不得其所堅而得其所白者，無堅也；拊不得其所白而得其所堅者，無白也。」這是說，面對一塊質堅色白的石頭，用眼睛看，只知道是一塊白色的石頭，用手指摸，只知道是一塊堅硬的石頭，堅看不見，白摸不出，可見，堅與白是相分離的。公孫龍就是這樣用知識論確立了「離堅白」的命題。按照這種說法，人永遠只能分別地認識堅石與白石，而不能綜合地同時認識堅白石了。這當然是一種荒謬的說法，因為它違背了人們認識事物的基本事實，抹煞了人所具有的綜合感覺經驗的高度靈敏的能力。不僅如此，他還從堅白分離做進一步的推導說：「堅未與石為堅而物兼，未與物為堅而堅必堅。其不堅石物而堅，天下未有若堅，而堅藏。」

這是說，堅不一定是石的堅，它也可以使別的物堅，也可以不必是任何物的堅，它只是堅作為堅而獨立存在，這就是「而堅必堅」，以及「不堅石物而堅」的那種堅。可是，誰能摸著那種不附著在任何物體上的堅呢？誰也不能。這就是公孫龍心中的那種遠離實際的純粹觀念性的那種堅，也就是堅的共相。所以他說：「天下未有若堅。」那麼，這種堅在哪裡？他說是它自己「藏」起來了。假如我們再追問：它藏在哪裡了？回答只能是：在「超乎形象」的世界裡。對於「白」，他的論證方法與結論也一樣。由此可知，他認為一切共相（理念、概念），都是各自分離，各自獨立，而且自藏在「超乎形象」的世界裡。可以說，公孫龍發現了一個新的世界，這就是「超乎形象」的世界，他得意的在這個世界裡遨遊，並創造他的學說。

〈堅白論〉和〈白馬論〉具有相同的思想方法，這就是割裂事物的一般性與特殊性的聯繫，將一般與特殊的差別，無限地加以擴大，以致否定了二者之間的一切聯繫，造成了嚴重的認識錯誤，得出了白馬不是馬，以及只能分別認識堅石和白石，而不能同時認識堅白石的荒謬結論。這種方法上的錯誤，根源於認識上的錯誤，他的〈指物論〉中，便集中地反映出來了。

〈指物論〉開篇便說：「物莫非指，而指非指。」這句話包含了兩個重要判斷，這是兩個怎樣的判斷呢？現代的哲學家對此有不同解釋，有的說：「公孫龍以物表示具體的個別的物，以指表示抽象的共相。」（馮友蘭《中國哲學簡史》第八章）這就是說，「物」和「指」都是哲學範疇的而不是一般意義的。物，是客觀世界的、具體的物質。指，則是與物相對應的主觀世界的、抽象的觀念，或稱概念、稱謂。按照這一解釋，我們便可以將文章開頭的這句話翻譯成：「任何一個具體的物無不有稱謂，而稱謂自身沒有稱謂。」又有的說：「公孫龍開宗明義地概括了他的宇宙觀說：物莫非指，而指非指。這就是說，物沒有不由指化成的，但是一切指卻都不是由別的指所化成。」（任繼愈主編《中國哲學史》第七章）這一解釋，顯然與前者有重要差別，這差別來自對「莫非」一詞的理解。「莫非」，是由兩個否定副詞連文組成的判斷詞，表達一個肯定的判斷，即「無不是」，或「無不有」。那麼，「物莫非指」這句話譯成現代語，便是「任何物質無不是稱謂」，或「任何物質無不有稱謂」。然而，聯繫下文「天下無指，物無可以謂物」等句意看，公孫龍所說的，顯然是有和無的意思，而不是是和非的意思，這是並不含糊的。文章開頭這句話所表達的兩個判斷，簡單說來就是：「物有指，指無指。」因此，「物沒有不由指化成」的說法，「化成」一詞是強加的，並非文中原有之義。既沒有訓詁上的依據，也與下文不合。弄清了這句話的確切涵義，就可以進入本文的論證的考察了。

既然「指」和「物」都是用作哲學範疇的，物，就是物質，也就是現代哲學所說的存在、客觀實在等等，屬於客觀世界方面；指，就是稱謂，也就是現代哲學所說的概念、稱謂等等，屬於主觀世界方面。而「指」和「物」又是相對待的概念，那麼，這篇〈指物論〉所談論的，就是指和物的關係了。指和物的關係，也就是通常所說的精神與物質的關係，思惟與存在的關係。對於這一關係的不同解釋，向來是哲學史上劃分唯心論和唯物論兩大派別的重要標尺。公孫龍是怎樣解釋和論證「指」和「物」的關係的呢？

首先，他認為「物莫非指，而指非指」，就是說物有指而指無指。從這兩個判斷的連接點，也就是對比的關係上，可以明顯地看出，作者本意是在強調：指是物的指，而不是指的指，沒有物也就沒有指。這實際上已經回答了指和物誰決定誰這個重大問題。公孫龍認為是物決定指，即物質決定精神，存在決定思惟，這就將他的〈指物論〉

建立在唯物論的基礎上了。他在文章裡曾一再說過：「物不可謂無指也。」這句話雖然是在強調凡物都有稱謂，換句話說，天下沒有無稱謂的物，或者說沒有不能用稱謂來表示的物。順著這個邏輯推導下來，他得出了「天下無物，誰徑謂指」的認識。這就是說，有了物，才有稱謂；先有物，後有稱謂。

其次，他對於「物」和「指」的關係的論證，又明顯地受到了當時儒家、道家等精神產生物質的唯心論觀點的影響。例如他反問說：「天下有指無物指，誰徑謂非指、徑謂無物非指？」這是說假如天下有稱謂而沒有物的稱謂，何人能夠直接說無稱謂，直接說無物無稱謂呢？這裡特別值得注意的是，他在「物指」之外，又提出了「指」的概念，並將二者相提並論，「指」是稱謂，「物指」是具體的物的稱謂，二者不能混同，「物指」是依賴於具體的物的，是具象的抽象；而「指」是不依賴於任何具體的物的，是「超乎形象」的。我們這樣理解上面這句話，並非曲解，公孫龍自己做了詮釋：「且夫指固自為非指，奚待於物而乃與為非指？」這是說，指就是指，這個指不是物指，它獨立於物之外，超然於物之上。這就從有了物才有指的立場上退了回去。

從上述的情形看，一篇〈指物論〉，既有唯物論觀點，又有唯心論觀點。這說明公孫龍在「指」與「物」的關係的認識上，既不是純粹的唯物論，也不是純粹的唯心論。而他那個獨立於物之外，超然於物之上的「指」的觀念，導致他在〈白馬論〉、〈堅白論〉中的邏輯錯誤，這是毋庸諱言的。

〈通變論〉，是論述事物相互融通變化的，其中心論點是「二無一」。什麼是「二無一」呢？公孫龍用「二」代指兩個不同的物質，用「一」代指另一新的物質。「二無一」是說兩個不同的物質，不能互相融通變化為另一新的物質。文章列舉了兩個例子，一個是「羊合牛非馬」，另一個是「青以白非黃」。他解釋說，牛和羊都有角，但不能因此便說牛就是羊，羊就是牛。因為牛羊雖具備某些相同的特徵，但牠們的種屬並不相同。羊和牛都有角，馬沒有角，馬有長毛尾巴，而牛羊都沒有，所以說「羊合牛非馬」。對於「青以白非黃」，他解釋說，青色和白色本來是相反對的，青色代表木，在東方；白色代表金，在西方。一東一西，不能結合，如果硬要使它們結合，那麼，白色不能統一於青色，青色也不能統一於白色，怎麼會產生出黃色呢？此外，他還列舉了「牛合羊非雞」、「白以青非碧」這兩個例子，又認為這是不正確的舉例而加以否定了。從以上的舉例和解釋中，不難看出，文章名為「通變」，實際上沒有講出怎樣通變的道理。當對方提出「謂變非不變，可乎」的問題時，他回答說：「可。」對方再問：「右有與，可謂變乎？」他又回答：「可。」對方緊逼著問：「右苟變，安可謂右？」他狡猾地回答說：「右苟不變，安可謂變？」這是採取以攻為守的方法，來維護其「二無一」的論點，因為承認了「右」已變成不是「右」，而是別的什麼東西了，就等於推翻了「二無一」的論點。公孫龍為什麼要千方百計地維護那個「二無一」呢？前面說過，他的學說的總傾向，是強調「名」的絕對性。在客觀世界裡，萬事萬物無時不變，作為物的稱謂的「物指」，也隨著物的變化而改變，這一點公孫龍也承認。但是在他的觀念裡，還有一個不依賴於任何物的「指」，那是永恆不變的。在這篇〈通變論〉裡，他完全脫離了客觀物質世界來談論事物的變化，他的論證經不起推敲，並往往陷入窘境，這是毫不奇怪的。另外，文章中還談到了「雞足三」、「牛羊足五」，這是藉機宣揚形上學的詭辯術，是毫不足取的。

〈名實論〉是現存《公孫龍子》的最後一篇。在前四論中，雖然都涉及到名和實，但都只是從某些側面進行探討，唯有這篇〈名實論〉，是從總體上全面論述名實關係的掌握和運用。因此，我們可以說〈名實論〉具有統領全書的性質，大抵相當於全書的緒論。

文章先論述什麼是「實」，他說：「天地與其所產者，物也。」這是說，天和地，以及天和地所產生的一切，都是「物」。這種「物」，與「實」有什麼關係呢？他說：「物以物其所物而不過焉，實也。」這裡的「物其所物」，是說構成該物的東西，這東西或者叫要素吧。「而不過焉」的「過」字，包含有超過與不及兩種情況，即過多與過少，這句話的意思是：物用來構成該物的要素不多不少，恰好是該物所應具有的，這就是該物的本體，這個本體就是「實」。作者又進而論述說：「實以實其所實而不曠焉，位也。」這是說，物的本體用來充實其自身而不使空缺的東西，作者把它叫做「位」，換用現代哲學的述語來說，就是本體存在的形式，就是物的時空位置。這個「位」很重要，某物一旦改變了其時空位置，即不是「位其所位」了，它就發生了變化，「實」就不是原來的「實」了。

「名」是什麼？作者也下了明確的定義：「夫名，實謂也。」名是實的稱謂，或者說名是用來稱呼實的，這種稱呼實的名，在〈指物論〉中叫做「物指」。既然名是用來稱呼實的，那麼，名和實就有了十分密切的關係。怎樣掌握和運用這種關係呢？

文章提出了以下的原則：其一，名與實必須相符合。有其實，才有其名。反過來說，有其名，必有其實。「故彼彼止于彼，此此止于此，可。彼此而彼且此，此彼而此且彼，不可」，就是說那一物的稱謂只用於那一物，這一物的稱謂只用於這一物，這是可行的；用那一物的稱謂來稱呼這一物，用這一物的稱謂去稱呼那一物，使得彼此混淆，此彼不分，是不可行的。其二，「實」如果變了，不是「位其所位」了，那麼，「知此之非此也，知此之不在此也，則不謂也」，就是說已經知道這個本體已不是原來的狀態，已經不在原來的時空位置上了，那就不用它原來的稱謂去稱呼它了。這也就是主張名應該隨著實的變化而改變。這就是公孫龍對於名實關係的主要觀點，這些觀點，無疑是有唯物論傾向的。但我們要注意，這篇〈名實論〉裡所講的「名」，是具體的某個物的「名」，而不是那種「超乎形象」的純觀念的「名」，那種「名」是絕對的，永恆不變的。

上面對《公孫龍子》的五篇論著，分別做了簡略的考察，不難看出，公孫龍的學說，主要是關於「名」的學說，在他的文章裡，雖也有時說到「實」，其目的仍然是為了論述「名」的絕對性。他的代表作〈白馬論〉和〈堅白論〉，前者將馬、白、白馬加以分割，並一一孤立起來，是為了論證「名」的絕對性；後者將堅石、白石、堅白石分離開來，各自獨立，也是為了論證「名」的絕對性。〈指物論〉和〈通變論〉，假物取譬，迂迴曲折，前者將「物指」和「指」區分開來，是為了維護「指」（也就是「名」）的絕對獨立性；後者的中心論點是「二無一」，這個中心論點與文章的題目就不一致，文章題名是通變，實際上講的是不變，「二」永遠只是「二」，這種永恆不變的「二」，只有在「超乎形象」的世界裡才能得到證實。〈名實論〉講了「名」要隨著「實」的變化而改變，否則就會造成名不符實。但這個「名」是具體的物的「名」，而不是純粹觀念的「名」，純粹觀念的「名」是絕對的、永恆不變的，如此等等。由此看來，對於公孫龍的學說，周秦時代的學者們用「別同異，離堅白」來概括，是頗得其要領的，公孫龍其所以要「別同異」，是為了正名實；其所以要「離堅白」，也是為了正名實。然而，在他的論證中，這種「別同異，離堅白」的學說，卻表現為否定事物內在的聯繫，片面擴大其區別；將每個概念都孤立起來，將每個命題的主語和述語的聯繫割裂開來；將一般與個別脫離開，並獨立起來，凡此種種，都是形上學和唯心論的概念論的表現。

（三）

對於公孫龍學說的短長，歷代都有評議。而由於種種原因，例如學派不同，或時代思潮的不同，評議者往往各是其是，各非其非，情況比較複雜。

首先要說的是與公孫龍同時代人的評議，這裡第一個值得重視的是莊子。莊子和名家學派的另一位創始人惠施，既是朋友又是論敵，他評議公孫龍時，便免不了要和談論惠施聯繫在一起。例如在〈天下〉裡，先是議論惠施，接著便說：「桓團、公孫龍，辯者之徒，飾人之心，易人之意，能勝人之口，不能服人之心，辯者之囿也。」稱公孫龍是「辯者之徒」，這稱呼在當日大約貶意居多。所謂「飾人之心，易人之意」，按舊注家的說法，是用像「卵有毛，雞三足」之類的奇談怪論，來雕飾人心；或用巧妙的言詞，來改變人的主意。而這些奇談怪論，大都是超出人們的常識範圍的，使人一時難以辯駁，只得口服。但怪論終究是怪論，它違背常理，所以不能使人心服。一種學說，只能使人口服而不能使人心服，那麼這種學說的品質，也就不難想見。莊子用「囿」字鑑定辯者的學說品質，「囿」字舊注家解釋為「苑囿」或「域」，其實「囿」

有識見不廣之意，用在這裡更為恰當。莊子的意思是說，辯者的學說，只能使人口服，不能服人之心，這是由於他們的識見不廣所造成的局限。莊子的這一看法，在〈秋水〉裡表達得更為巧妙，也更為透徹，他說：「公孫龍問於魏牟曰：『龍少學先王之道，長而明仁義之行；合同異，離堅白；然不然，可不可；困百家之知，窮眾口之辯，吾自以為至達已。今吾聞莊子之言，汒焉異之，不知論之不及與？知之弗若與？今吾無所開吾喙，敢問其方。』」客觀地說，《莊子》所包含的思想的博大精深，確是公孫龍等名家學派中人所不及的。莊子的這段話，沒有貶低他人而抬高自己之嫌。他指出公孫龍等人學說的局限性，也是頗為中肯的。

荀子和韓非子對名家學派的看法，和莊子頗不相同。荀子是戰國後期的一位大儒，他從儒家的立場上看待名家，這是很自然的。在他的〈儒效〉裡，他慷慨激昂地說：「若夫充虛之相施易也，堅白同異之分隔也，是聰耳之所不能聽也，明目之所不能見也，辯士之所不能言也。雖有聖人之知，未能僂指也。」所謂充虛之相施易，據王先謙的解釋，是虛和實二者互相移易，也就是使實者虛之，虛者實之，從而改變虛和實的絕對性質。這句話大約是指惠施的相對論而言。而堅白同異之分隔，無疑是指公孫龍的離堅白。荀子認為，名家的「合同異」、「離堅白」那套學說，是明白人所不能接受的，這「不能」二字裡，略帶有不屑的輕蔑之意。他還覺得名家學說很煩難，道理講得迂迴曲折，晦澀難懂，即使是聖人，也不能立刻將它指陳清楚。他並且認為惠施、公孫龍的學說極為有害，「王公好之則亂法，百姓好之則亂事」。（〈儒效〉）因此，他在〈正名〉裡明確提出要加以禁止。可見荀子對名家的學說是全盤否定的。韓非子是純粹用政治家的眼光看待名家學說的，他在〈外儲說左上〉裡說：「人主之聽言也，不以功用為的，則說者多『棘刺』、『白馬』之說。」這顯然是用政治功利為標尺，來衡量一個學派的短長了。他和荀子一樣，過度的看重功利目的，而較少從學術方面考慮，因此，他們對公孫龍的學說的評議，很難說是公允的。

這裡還要附帶地說到孔穿，在〈跡府〉這篇文章裡，詳細地記載了他與公孫龍的那場辯論，但文章所記孔穿的言論極少，並且始終處於被動地位，這大約是文章作者偏袒公孫龍而故意這樣做的。孔穿否定〈白馬論〉的態度是很明確的，至於他否定的理由如何，文章略而未記。後來的偽書《孔叢子》、《列子》記這件事，補寫孔穿的話有：「（孔穿）退而告人曰：言非而博，巧而不理，此固吾所不答也。」（《孔叢子・

公孫龍》）還借樂正子輿之口說：「公孫龍之為人也，行無師，學無友；佞給而不中，漫衍而無家，好怪而妄言，欲惑人之心，屈人之口。」（《列子・仲尼》）這些非議，是相當尖銳的。不過，這已是偽書作者的評議了。

以上所列公孫龍同時代的部分學者的一些評議，便大體上奠定了後代人對公孫龍學說評價的基礎，具有權威性的影響。自兩漢迄於明清，各家的評議大都不出上述評議的範圍，不過是襲用上述各家的成說，取其一端，加以發揮而已。例如晉朝人葛洪，在其《抱朴子・應嘲》裡說：「而著書者徒飾弄華藻，張磔迂闊，屬難驗無益之辭，治靡麗虛言之美，有似堅白、廣修之書，公孫刑（形）名之論，雖曠籠天地之外，微入無間之內。立解連環；離同合異；鳥影不動；雞卵有毛；犬可為羊；大龜長蛇之言，適足示巧表奇以誑俗，何異乎畫敖倉以救飢，仰天漢以解渴。說崑山之多玉，不能賑原憲之貧；觀藥藏之簿領，不能治危急之疾。」這些議論，顯然是為反對當日的浮夸文風而發，連帶著把公孫龍的著作也否定了。但也間或有比較客觀的評議，如晉人魯勝《墨辯注敘》說：「墨子著書，作《辯經》以立名本。惠施、公孫龍祖述其學，以正刑（形）名顯於世。孟子非墨子，其辯言正辭則與墨同；荀卿、莊周等皆非毀名家，而不能易其論也。」（見《晉書・卷九四・隱逸傳》）這不僅追溯了名家學說的根源，也對周秦時代非議名家的言論，提出了不同的見解，說了公道話。對於名家的一些主要論題，他說：「名必有形，察形莫如別色，故有堅白之辯；名必有分明，分明莫如有無，故有無序（厚）之辯；是有不是，可有不可，是名兩可；同而有異，異而有同，是之謂辯同異；至同無不同，至異無不異，是謂辯同辯異；同異生是非，是非生吉凶。取辯於一物，而原極天下之汙隆，名之至也。」（同上）不論這些分析與見解是否恰當，他至少擺脫了不同學派的門戶之見，能夠用比較客觀的態度，真正從學術方面來探討，這是難能可貴的。

兩晉以後，評議公孫龍及其學派者，代不乏人，而以清代的《四庫全書總目提要》的評論為總其大成，《四庫全書總目提要・卷一一七》說：「其書大旨疾名器乖實，乃假指物以混是非，借白馬而齊物我，冀時君有悟而正名實，故諸史皆列於名家。《淮南鴻烈解》稱公孫龍粲於辭而貿名。揚子《法言》稱公孫龍詭辭數萬。蓋其持論雄贍，實足以聳動天下。故當時莊列荀卿，並著其言，為學術之一特品目之。」這裡論定了《公孫龍子》的寫作宗旨是正名實；公孫龍屬於名家；肯定了該書「持論雄贍」；評定該書「為學術之一特品」。《四庫全書總目提要》還說：「兩間紛然，不可數計，龍必欲一一核其真，而理究不足以相勝，故言愈辯而名實愈不可正。然其書出自先秦，義雖恢誕而文頗博辯。」這裡顯然承襲了歷代認為名家學說是虛言，沒有實用價值的看法。不過，承認了「義雖恢誕而文頗博辯」這個事實，這比荀子的主張禁止其書，還是前進了一步。

綜觀歷代人對《公孫龍子》的評議，使我們不無遺憾的是，粗略的議論多，細緻的分析少；著眼於實用價值的多，考慮其學術價值的少。歷史事實已是如此，這是無可如何的。進入現代社會以後，哲學有了長足的發展，學術界對於《公孫龍子》在哲學和邏輯學上的成就，獲得了不少新的認識，諸如〈白馬論〉、〈堅白論〉中，嚴格區分一般與個別，並能仔細地從概念的內涵、外延等各個方面，找出一般與個別的差異，將馬、白、白馬的概念，嚴格地區分開來；又嚴格區分物體的各種不同屬性，根據人們認識事物時所用眼、手等感覺器官的不同功能，找出物體的各種不同屬性，將堅白石的堅性、白色、石形嚴格區別開來。這種高度重視事物的差異性的思想，對於提高人類認識事物的能力，以及豐富古代的辯證法理論，都是不可忽視的貢獻。又如在〈通變論〉中，不僅仔細地區分了牛和羊的相同與相異之點，指出牛、羊、馬屬於同類而不同種，還指出了牛、羊與雞不是一類，因而「牛合羊非雞」的舉例是錯誤的，這對於豐富古代的邏輯理論，也是很有意義的。再如〈指物論〉，對於「指」和「物」的關係，做了有益的探討，肯定了先有「物」，後有「指」，還肯定了凡「物」都可以用「指」來表示，這對於豐富古代的唯物論的理論，也是一種重要貢獻。在〈指物論〉的姊妹篇〈名實論〉中，他不僅給「物」做出了相當正確的定義，而且還深入地論證了「物」的存在形式——位，即物體的時空位置，這在古代的唯物論中是不多見的。以上這些對於《公孫龍子》學說的新的認識，都遠遠超過了歷代人的種種粗枝大葉的評議。

《公孫龍子》這部書，除了具有上述的長處與價值，它在思想和觀點上，也的確存在不少局限乃至錯誤，這些局限與錯誤，有的早已被前人所發現，而在現代的研究者的論著中，有著更加深入也更加系統的清理，對於這些研究成果，我們都已吸收進來，寫在各篇的題解、章旨、注釋之中了。

跡府第一

【題解】

本篇標題「跡府」，跡，指事跡；府，本是收藏文書的地方，這裡取其收藏之義。跡府二字連文，是收藏事跡。用為篇名，即搜集公孫龍的事跡而記載於此的意思。文章開頭說：「公孫龍，六國時辯士也。」這語氣使人一望而知，本篇不是出自公孫龍本人之手，而是在他身後，由他的弟子或名家學派裡的人，搜集他的軼事寫成的，是一篇帶有傳略性質的文字。將它置於全書之首，有介紹作者的用意。

這篇文章首先介紹的，是公孫龍活動的年代，以及他的「辯士」身分。接著便記述他的事跡：其一，創立「白馬非馬」的學說。文章扼要介紹了這一學說的主要論點，指出他創立這一學說的用意是，有感於戰國時期的天下紛爭，諸侯僭越，名實混亂，企圖用〈白馬論〉、〈堅白論〉的學說，來糾正名實不符的現象，以教育和開導天下的人。其二，與孔子的後裔孔穿的辯論。文章記述了辯論雙方的論點，其中孔穿否定〈白馬論〉的論點，比較籠統而抽象；公孫龍的辯駁，則具體而充分，尤其是他舉出孔子「異楚人於所謂人」的例子，和齊王與尹文關於「士」的辯論的例子，有力地駁倒了孔穿，維護了「白馬非馬」的學說。文章通過以上兩件事的記述，表現了公孫龍機智善辯的「辯士」的本色。

公孫龍，六國❶時辯士❷也。疾❸名實❹之散亂❺，因資材❻之所長，為「守白」之論❼。假物取譬❽，以「守白」辯❾。

【章　旨】

介紹公孫龍所處的時代和他的身分，指明他創立「守白」論的學說的用意。

【注　釋】

❶**六國**　戰國時期，處於函谷關以東的齊、楚、燕、趙、韓、魏六國，後來都被秦國所吞併。

❷**辯士**　擅長於辯論的人。古代對名家學派的人物稱辯士，或稱辯者。

❸**疾**　痛恨；憎惡。

❹**名實**　名，事物的名稱、概念。實，客觀存在的事物。

❺**散亂**　指事物的名和實互相脫離，混亂而不能相符合。

❻**資材**　憑藉才能。資，憑藉。材，才能、智慧等天賦。

❼**守白之論**　指公孫龍的「白馬非馬」和「離堅白」的學說。守，堅持。在〈白馬論〉和〈堅白論〉兩篇論文裡，公孫龍分別提出了「白馬非馬」和「離堅白」的重要觀點，並且堅持不改，故稱為「守白」。

❽**假物取譬**　藉其他事物來做比喻。

❾以守白辯　用來為「守白」之論做辯護。

【語譯】

公孫龍是戰國時期的一位辯士。他痛恨當時名與實不相符合的混亂現實，便憑藉自己善於辯論的才能，創立了「白馬非馬」和「離堅白」的一套理論，用借助其他事物做比喻的方法，來為「白馬非馬」、「離堅白」的觀點進行辯護。

謂白馬為非馬❶也。白馬為非馬者，言白所以名色❷，言馬所以名形❸也。色非形，形非色也。夫言色則形不當與❹，言形則色不宜從❺。今合以為物❻，非❼也。如求白馬於廄❽中，無有，而有驪色❾之馬，然不可以應❿有白馬也。不可以應有白馬，則所求之馬亡⓫矣，亡則白馬竟⓬非馬。欲推是辯⓭以正名實⓮而化天下⓯焉。

【章　旨】

緊承上文以「守白」辯的話頭，舉「白馬非馬」之說做例子，介紹公孫龍具體的論辯。首先是「白馬非馬」的理由，其次是假設一件具體事例，用打比喻的方法進行論證。最後還揭示了公孫龍創立「白馬論」的用意。

【注　釋】

❶**白馬為非馬**　白馬不是馬。這裡的「為」字，是本篇作者加上去的。在〈白馬論〉本文裡，直作「白馬非馬」。

❷**名色**　稱呼顏色。

❸**名形**　稱呼形體。

❹**不當與**　不應該參與。與，參與。

❺不宜從　不適宜隨從。從，隨從。

❻合以為物　指將馬的形體和白的顏色結合起來成為白馬。物，指白馬。

❼非　不對；不正確。

❽廄　馬棚。

❾驪色　指純黑色。驪，黑色的馬。

❿應　當。這裡是當做的意思。

⓫亡　同「無」。

⓬竟　畢竟；終究。

⓭推是辯　推廣這個論點。是辯，指「白馬非馬」這個論點。

⓮正名實　糾正名實不相符合的現象。

⓯化天下　教化、開導天下的人。

【語　譯】

公孫龍說白馬不是馬。白馬之所以不是馬的理由是，人們說到白，是用來稱呼顏色的，說到馬，是用來稱呼形體的。顏色不是形體，形體不是顏色。那麼說到顏色時形體就不應該參與，說到形體時顏色也不適宜隨從，現在將馬的形體與白的顏色結合起來成為白馬，那是不對的。舉例來說，到馬棚裡去找白馬，沒有，只有純黑色的馬，這就不能當做有白馬。不能當做有白馬，那麼所找的馬就沒有，沒有馬，那麼白馬終究不能算是馬了。公孫龍想推廣這一論點，用來糾正名實不相符合的混亂現象，從而教化天下的人。

龍與孔穿❶會趙❷平原君❸家。穿曰：「素聞先生高誼❹，願為弟子久，但不取❺先生以白馬為非馬耳。請去此術❻，則穿請為弟子。」

龍曰：「先生之言悖❼。龍之所以為名者❽，乃以白馬之論爾。今使龍去之❾，則無以教焉。且欲師之者，以智與學不如也。今使龍去之，此先教而後師之也。先教而後師之者，悖。且白馬非馬，乃仲尼之所取⑩。龍聞楚王⑪張繁弱⑫之弓，載忘歸⑬之矢，以射蛟⑭、兕⑮於雲夢⑯之圃⑰，而喪其弓，左右請求之⑱。王曰：『止。楚人遺弓，楚人得之，又何求乎？』仲尼聞之曰：『楚王仁義而未遂⑲也。亦曰⑳人亡弓，人得之而已，何必楚㉑？』若此，仲尼異楚人於所謂人㉒。夫是㉓仲尼異楚人於所謂人，而非㉔龍異白馬於所謂馬，悖。先生修儒術而非仲尼之所取，欲學而使龍去所教，則雖百龍㉕，固不能當前㉖矣。」孔穿無以應㉗焉。

【章旨】

記述公孫龍的軼事。這裡所記述的，是他與孔穿的一場面對面的辯論。孔穿一口否定了「白馬非馬」的學說，而公孫龍的反駁，則從兩方面進行。一是駁「先教而後師之」的無理要求；另一是駁「修儒術而非仲尼之所取」。前者以常理為依據，後者以事實為依據，都很有說服力。因此，得出兩個「悖」字的結論，斬釘截鐵，駁得對方啞口無言，生動地反映了公孫龍傑出的論辯才能。

【注釋】

❶**孔穿** 戰國時期魯國人。約生於西元前三一五年，卒於西元前二六二年，字子高，是孔子的第六代孫。

❷**趙** 戰國時期的趙國。轄今山西、河北一帶。

❸**平原君** 趙武靈王的兒子，名叫趙勝，因為他開始被封在平原，即今山東省平原縣境內，故稱。他做過趙國的相國，是著名的戰國四公子之一，喜歡養士，公孫龍便是他的門下士。

❹**高誼** 高尚的品德。誼，與「義」通。

❺不取　不採取；不接受。
❻此術　指「白馬非馬」的一套詭辯方法。
❼悖　顛倒、混亂。
❽為名者　成為名家學派的人。名者，名家學派的學者，猶如稱儒家學派的人為儒者。
❾去之　拋棄它。之，代指上句的「白馬之論」。
❿乃仲尼之所取　是孔子所曾經採取過的。仲尼，孔子字。取，採取；接受。這是一種比擬的說法，因為孔子曾經將楚國人和泛指的人區別開。詳見下文。
⓫楚王　指春秋末期楚國某王。劉向《說苑．至公》認為，這位在雲夢射獵丟失了弓的楚王，是楚共王。
⓬繁弱　古代良弓名。
⓭忘歸　古代好箭名。
⓮蛟　古代傳說為水裡的大動物，能興風作浪。
⓯兕　雌性犀牛。
⓰雲夢　古代地名，在今湖北省境內，是春秋時代楚國的一片大沼澤地，跨長江兩岸，江北叫雲澤，江南叫夢澤。

⑰**圃**　應是「囿」。園林。古代帝王用來圈養禽獸，這裡指雲夢澤。

⑱**求之**　尋找遺失的弓。之，代指上句的「弓」。

⑲**未遂**　未能充分、完備。

⑳**亦曰**　只說。亦，只。

㉑**何必楚**　為什麼要限定為楚國人呢。必，一定；限定。

㉒**異楚人於所謂人**　區別楚國人和人這兩個概念。前者是具體的概念，後者是抽象的概念；前者特指楚國人，後者泛指一切人，二者不能等同。

㉓**是**　肯定。與下句的「非」（否定）相對而言。

㉔**非**　否定。下文「非仲尼之所取」的「非」字與此同。

㉕**百龍**　百個公孫龍。意指才智百倍於我公孫龍的人。

㉖**當前**　充當前導。指充當老師。

㉗**無以應**　無話對答。

【語譯】

公孫龍與孔穿在趙國平原君家中見了面。孔穿說：「一向聽說您品德高尚，早就想拜您為師了。不過我不贊同您『白馬非馬』的學說，請拋棄這一學說，那麼我就做您的學生。」

公孫龍說：「你的話顛倒混亂。我公孫龍所以能成為名家學派的辯者，就由於有『白馬非馬』這一學說罷了。現在你要我拋棄它，那麼我就沒有用來教你的東西了。況且你想拜我為師，是因為智力和學識不如我，現在你卻先教導我拋棄自己的學說，這等於先教了我然後拜我為師。先做人家的老師再拜人家為師，這是顛倒混亂的說法。再說『白馬非馬』的學說，是你祖先仲尼先生也曾採取過的。我聽說從前楚王拉開繁弱那樣的大弓，帶著忘歸般的好箭，在雲夢大澤射獵蛟龍和犀牛，他的弓丟失了，隨從的人要去找回那丟失的弓，楚王說：『不要去找了，楚國人丟失了弓，會有我們楚國人得到它，何必去尋找呢？』仲尼先生知道了這件事便說：『楚王的仁義修養，功夫還沒有到家啊。只說有人丟失了弓，有人得到了它就行了，何必一定要說楚人呢？』這樣說來，仲尼先生是區分了楚國人和泛指的人。肯定仲尼先生區分楚國人和泛指的人，而否定我區分白馬和泛指的馬，這是違反常理的。你學習儒家學說卻又反對仲尼先生所採取的；想向我學習卻讓我拋棄能夠教你的學說，那麼即使有一百個公孫龍，也不能充當你的老師了。」孔穿無話對答。

公孫龍，趙平原君之客也。孔穿，孔子之葉❶也。穿與龍會，穿謂龍曰：「臣❷居魯，側聞❸下風❹。高❺先生之智，說❻先生之行，願受業❼之日久矣，乃今❽得見。然所不取先生者，獨不取先生之以白馬為非馬耳。請去白馬非馬之學❾，穿請為弟子。」

公孫龍曰：「先生之言悖。龍之學，以白馬為非馬者也。使龍去之，則龍無以教；無以教而乃❿學於龍也者，悖。且夫欲學於龍者，以智與學焉為不逮⓫也。今教龍去白馬非馬，是先教而後師之也。先教而後師之，不可。

【章旨】

這裡記述公孫龍與孔穿的辯論，內容和前章重複。推究其原因，可能是後人在輯錄公孫龍的軼事時，將所見的材料照抄，沒有做必要的剪裁而造成的。其內容大意，可參閱前章的章旨。

【注釋】

❶葉　指子孫後代。

❷臣　表示謙遜的自稱。

❸側聞　表示謙敬的用語。意思是恭敬地聽著。

❹下風　就對方而言，自己處於下風，對方處於上風。表示謙敬的用語。

❺高　尊崇。

❻說　同「悅」。讚賞。

❼受業　跟著老師學習。

❽乃今　「今乃」的倒文。乃，方才。

❾學 學說。

❿乃 卻。

⓫逮 及。

【語 譯】

公孫龍，是趙國平原君的門客。孔穿，是孔子的後代。孔穿和公孫龍見了面，便對公孫龍說：「我住在魯國，聽到人們常說起您。我很崇敬您的智慧，讚賞您的品德，早就希望跟您學習，今天才有機會見到您。不過我所不能接受的，只有您的『白馬非馬』罷了，請您拋棄那『白馬非馬』的學說，我便請求做您的徒弟。」

公孫龍說：「你這話顛倒混亂。我的學問，就在於『白馬非馬』這一學說，讓我拋棄它，那我就沒有用來教人的學問了；沒有可以教人的學問了，而你卻要向我學習，這是顛倒混亂的說法。況且你要拜我為師，是因為你的智慧與學識不及我。現在你教導我拋棄『白馬非馬』的學說，這是先教導我然後拜我為師，先教導我然後拜我為師，這是不行的。

「先生[1]之所以教龍者[2]，似齊王[3]之謂尹文[4]也。齊王之謂尹文曰：『寡人[5]甚好士[6]，以[7]齊國無士，何也？』尹文曰：『願聞大王之所謂士者。』齊王無以應。尹文曰：『今有人於此[8]，事君則忠[9]，事親則孝[10]，交友則信[11]，處鄉則順[12]，有此四行[13]，可謂士乎？』齊王曰：『善！此真吾所謂士也。』尹文曰：『王得此人，肯[14]以為臣乎？』王曰：『所願而不可得也。』是時齊王好勇[15]，於是尹文曰：『使此人廣庭大眾之中，見侵侮[16]而終不敢鬥，王將以為臣乎？』王曰：『鉅[17]士也？見侮而不鬥，辱[18]也。辱則寡人不以為臣矣。』尹文曰：『唯[19]見侮而不鬥，未失其四行也，是人[20]未失其四行，其所以為士也然[21]。而王一[22]以為臣，一不以為臣，則向[23]之所謂士者，乃[24]非士乎？』齊王無以應。

【章旨】

這是公孫龍辯駁孔穿否定「白馬非馬」所列舉的另一個事例。齊王口稱「好士」，並熱心求士，但他對於什麼是真正的士，卻並不明瞭，被尹文一席話，說得啞口無言。這情形，恰似孔穿之熱心求師，而卻不懂得拜什麼樣的人為師，不了解老師的專長之所在。公孫龍用這一個事例，巧妙地批駁了對方。

【注釋】

❶先生　指孔穿。

❷所以教能者　用來開導我的一套說法。
❸齊王　據《呂氏春秋・先識覽》的記載，這位齊王是齊湣王。
❹尹文　戰國時期的一位處士。齊國人，著有《尹文子》，是名家學派的著名人物。
❺寡人　少德之人。古代帝王的謙稱。
❻士　指讀書人。這裡指德才兼備的士人。古代將國民分為士、農、工、商。
❼以　同「而」。
❽今有人於此　假設現在有這樣一個人。
❾事君則忠　對君主能夠盡職盡責。事，侍奉。忠，古代倫理觀念之一。
❿事親則孝　對父母孝敬。親，父母雙親。孝，古代倫理觀念之一。
⓫交友則信　對朋友真誠。信，古代道德觀念之一。
⓬處鄉則順　與同鄉鄰居相處和順。鄉，同鄉鄰居。順，古代倫理觀念之一。
⓭四行　指上述忠、孝、信、順四種品德行為。
⓮肯　願意。
⓯好勇　喜歡勇敢。好，喜歡。
⓰見侵侮　被侵犯、侮辱。見，被。表示被動的助動詞。

⑰鉅　通「詎」。詎，反詰副詞，相當於「豈」、「難道」的意思。
⑱辱　恥辱。
⑲唯　同「雖」。表示推拓的連詞。
⑳是人　這個人。
㉑然　依然。還是先前那樣。
㉒一　這裡是「一會兒」的意思，下句中的「一」字用法相同。這兩句話揭示了齊王不懂得名與實應該相符合的道理。
㉓向　先前。
㉔乃　卻。

【語　譯】

「你用來開導我的一套說法，就像當年齊王對尹文說的話一樣。齊王對尹文說：『我很喜歡德才兼備的士人，而齊國沒有這樣的士人，這是什麼原因呢？』尹文說：

「我想聽聽大王所說的士人是什麼樣的人。」齊王說不出來。尹文便說：「假設現在有這樣一個人，他侍奉君主能夠盡職盡責；對父親母親很孝敬；和朋友交往很真誠；與鄉親能夠和睦相處，他具備這四種品行，可以稱得上德才兼備的士人了吧？」齊王說：「好！這真是我所說的士人了。」尹文說：「大王得到這個人，願意用他做臣子嗎？」齊王說：「願意而不能得到他啊。」這時期齊王正熱衷於提倡勇敢，於是尹文說：「假如這個人在眾人面前被侵犯被侮辱而始終不敢起來格鬥，大王還用他做臣子嗎？」齊王說：「這難道是士嗎？被欺侮而不敢起來格鬥，是恥辱。甘心蒙受恥辱的人，我是絕不用來做臣子的。」尹文說：「雖然被侵犯被侮辱而不敢格鬥，但他並沒有喪失四種好品行，他作為士的條件還和先前一樣。而大王一會兒要用他做臣子，一會兒又不用他做臣子了，那麼你先前所說的士，卻不是士麼？」齊王無話回答。

「尹文曰：『今有人君，將理其國❶，人有非❷則非❸之，無非則亦非之；有功則賞之，無功則亦賞之，而怨人之不理❹也，可乎？』

齊王曰：『不可。』尹文曰：『臣竊❺觀下吏❻之理齊，其方若此❼

矣。』王曰：『寡人理國，信若❽先生之言，人雖不理，寡人不敢怨也。意未至然與❾？』尹文曰：『言之敢無說乎❿？王之令曰：「殺人者死，傷人者刑。」人有畏王之令者，見侮而終不敢鬥，是全⓫王之令也。而王曰：「見侮而不鬥者，辱也。」謂之辱，非⓬之也。無非而王非之，故因除其籍⓭，不以為臣也。不以為臣者，罰之也。此無罪而王罰之也。且王辱⓮不敢鬥者，必榮⓯敢鬥者也。榮敢鬥者，是之⓰也。無是⓱而王是之，必以為臣矣。必以為臣者，賞之也。彼無功而王賞之。王之所賞，吏之所誅⓲也；上⓳之所是，而法之所非也。賞罰是非，相與四謬⓴，雖十黃帝㉑不能理也。』齊王無以應焉。

【章　旨】

尹文採取打比方的方法，對齊王進行啟發誘導，使他明白：不能用好勇、敢鬥的武夫的標準，去要求具有忠、孝、信、順品德的士。使他懂得：凡事要講求名實相符，否則會弄得是非不分，賞罰不明。

【注釋】

❶**將理其國** 將要這樣來治理他的國家。將，將要；預備。理，治理。

❷**非** 過失。

❸**非** 懲罰。用如動詞。

❹**不理** 不服從治理。

❺**竊** 私下。表示謙虛的用語。

❻**下吏** 下級官吏。

❼**其方若此** 他們使用的方法就像這樣。若此，指上文所說不問有無過失一律懲罰，不論有功無功一律獎賞。

❽信若　如果真的像。這是一種含有假設的語氣。
❾意未至然與　料想還沒有達到你所說的那種地步吧。意，揣測；料想。然，那個樣子；那種地步。與，同「歟」。疑問語氣詞。
❿言之敢無說乎　我所說的情形，難道提不出解釋嗎。言之，指上文所說的是非不分、賞罰不明的情形。無說，提不出解釋。
⓫全　顧全；維護。
⓬非　責難。下句中「非之」的「非」，用法同。
⓭故因除其籍　因為這個緣故而取銷了他做臣子的資格。除，刪去；取銷。籍，指臣子的名冊。
⓮辱　羞辱。與下句中的「榮」相對舉。
⓯榮　表彰。
⓰是之　肯定他。之，代指「敢鬥者」。
⓱無是　不正確；不對。
⓲誅　懲罰。
⓳上　古代對君主或長官的敬稱。
⓴相與四謬　指是、非、賞、罰這四項措施相互違背而混亂不堪。

㉑黃帝　傳說中的上古帝王。姓公孫，又姓姬；稱軒轅氏，又稱有熊氏。是一位使天下大治的君主。

【語　譯】

「尹文說：『假設現在有一位君主，將要這樣來治理他的國家：人有了過失就懲罰他，沒有過失也懲罰他；有了功勞就獎賞他，沒有功勞也獎賞他。而這位君主卻抱怨人們不服從他的治理，這可以嗎？』齊王說：『不可以。』尹文又說：『我私下觀察下級官吏治理齊國，他們採用的方法就類似這樣。』齊王說：『我治理齊國，要是真的像先生所說的那樣，國內的人即使不服從治理，我也不敢埋怨他們了。我料想還不至於像你說的那樣吧？』尹文說：『我那樣說豈能提不出解釋嗎？大王的法令上說：「殺人的人要處死；傷害人的人要判刑。」有的人懾服於大王的法令，受到欺侮時始終不敢起來格鬥，這是維護了大王的法令。而大王卻說：「被欺侮而不格鬥，是恥辱。」把這說成恥辱，是責難他。他沒有過失而大王責難他，並因此而取銷了他做臣子的資格，不用他做臣子了。不用他做臣子，這是懲罰他了，這是無罪而大王施以懲罰了。況且大王羞辱不敢格鬥的人，就必然要表彰敢格鬥的人。表彰敢格鬥的人，是肯定了他，他本來不對而大王肯定他，一定要用他做臣子了。一定用他做臣子，是獎賞他了，他無功而大王獎賞他，大王所獎賞的，正是官吏要懲辦的人；大王所肯定的，正是法令所反對的。賞、罰、是、非四項措施互相違背而混亂不堪，即使有十位黃帝那樣的治國君主，也不能把國家治理好啊！』」齊王無話可說。

「故龍以子❶之言，有似齊王。子知難❷白馬之非馬，不知所以難之說❸，此猶知好士之名，而不知察士之類❹。」

【章旨】

借尹文辯駁齊王不講求名實相符，弄得是非不分，賞罰不明的故實，順勢作斷，總結出孔穿的錯誤在於只知否定「白馬非馬」的學說，而不知其所以要否定的理由；在於並不真正了解「白馬非馬」的學說而妄加否定，從而維護了「白馬論」。

【注 釋】

❶子　指孔穿。下同。

❷難　非難；否定。

❸不知所以難之說　不知道用以非難的理由，不能提出解釋。

❹此猶知好士之名二句　指孔穿的言論，與齊王只知貪圖好士之名，而不知深入地去了解士人是同一類的。此，代指上二句所說的「知難白馬之非馬，不知所以難之說」。猶，如同。知好士之名，只知道貪圖好士的名聲。察士，深入了解士。類，類別。此指同一類別。

【語 譯】

「所以我認為你的言論，和齊王的言論有些相像。你只知道非難『白馬非馬』的學說，卻說不出所以要非難的理由，這和只知道貪圖『好士』的名聲，而不知道深入地去了解士是同一類的言論。」

白馬論第二

【題解】

〈白馬論〉是公孫龍的成名之作，是專門論證「白馬非馬」這一著名論題的文章。

按我們通常的理解，說白馬不是馬，這簡直是奇談怪論。因為白馬也是馬，是馬的一個類別。借用西方邏輯學的術語來說，馬是「種概念」，白馬是「類概念」，種概念包括類概念，馬包括了白馬。公孫龍說白馬不是馬，將白馬排斥在馬之外，這是不合邏輯的，也是違背常識的。然而，他卻振振有詞，從馬是形體，白是顏色，稱呼顏色的詞不是稱呼形體；馬對顏色沒有取捨，白馬對顏色有取捨；馬和白是兩個不同的概念，不能相混合等幾個方面進行論證。既然他的論題違背了邏輯和常識，他的論證就只有採取詭辯的方法了。在這篇文章裡，他所採取的詭辯方法，一是割斷事物的狀態與事物之間的密切聯繫，堅持說白馬的「白」與「馬」不能結合，只能是「白」與「馬」、「馬」與「白」，而不承認白是馬的白，馬是白的馬。二是頻繁地抽換概念，來維護其錯誤論斷。因為他的論辯是詭辯，有時便自相矛盾，例如他反覆說白馬不是馬，偶爾又承認有白馬；又如他說白馬不是馬，卻又說黃馬、黑馬是馬等等。這篇文章的影響很大，於是他在歷代人的心目中，便成為一位詭辯家了。

(客❶：)「白馬非❷馬」，可乎？

(主❸)曰：可。

(客)曰：何哉？

(主)曰：馬者所以命形❹也，白者所以命色❺也，命色者非❻命形也，故曰白馬非馬。

【章　旨】

開門見山點出論題「白馬非馬」，並初步闡明了白馬不是馬的理由。

【注　釋】

❶**客**　《公孫龍子》中的〈白馬論〉、〈指物論〉、〈通變論〉、〈堅白論〉各篇，都假設為主與客的問答進行論辯。客，代表與公孫龍對立的一方。原書並無「主」、「客」二字，今為醒目起見，各以括號標出。

❷**非**　不是。

❸**主**　代表公孫龍。

❹**命形**　稱呼形體。

❺**命色**　稱呼顏色。

❻非　不是。與「白馬非馬」的「非」用法相同。

【語譯】

客問：「白馬不是馬」，可以這樣說嗎？

主回答說：可以。

客問：那是什麼理由？

主回答說：馬這個名稱，是用來稱呼形體的；白這個名稱，是用來稱呼顏色的，稱呼顏色就不是稱呼形體，所以說白馬不是馬。

（客）曰：有白馬不可謂無馬也。不可謂無馬者，非馬也❶？有白馬為有馬，白之❷非馬何也？

（主）曰：求馬，黃、黑馬皆可致❸；求白馬，黃、黑馬不可致。

使❹白馬乃❺馬也，是所求一❻也。所求一者，白者不異❼馬也。所求不異，如❽黃、黑馬有可有不可❾，何也？可與不可，其相非❿明⓫，故黃、黑馬一也，而可以應有馬，而不可以應有白馬，是白馬之非馬審⓬矣。

【章旨】

客力圖從「白」與「馬」的聯繫方面，去推翻白馬非馬的論斷。主則巧妙地抽換概念，以黃、黑馬與白馬的區別進行詭辯，來維護其論斷。

【注釋】

❶也　從上下文意看，用如反詰語氣詞「耶」。

❷白之　稱牠為白馬。之，代指「馬」。
❸致　給與。
❹使　假設。
❺乃　就是。
❻一　一樣；相同。下句「所求一者」的「一」與此相同。
❼異　區別。下句「所求不異」的「異」與此相同。
❽如　而。
❾有可有不可　指「求馬，黃、黑馬皆可致；求白馬，黃、黑馬不可致」的情形。
❿相非　互相排斥。
⓫明　明顯。這個「明」字，從上文點斷分出來，句子顯得生硬，但文意明白。或許原文有錯漏。
⓬審　確實；可信。

【語　譯】

客說：有白馬不能說沒有馬。不能說沒有馬，豈不就是馬嗎？既然有白馬是有馬，為什麼稱呼牠為白馬就不是馬了呢？

主回答說：尋求馬，黃馬、黑馬都可以給與；尋求白馬，黃馬、黑馬便不可給與。假設白馬就是馬，那麼尋求馬和尋求白馬，對象便是相同的。尋求的對象相同，白馬和馬就沒有區別了。既然尋求的對象沒有區別，而黃馬、黑馬在尋求馬的情況下可以給與，在尋求白馬的情況下又不可給與，那將做何解釋呢？可以給與和不可給與，那互相排斥的情形，是很明顯的。所以同是黃馬、黑馬，只可以說有馬，而不可以說有白馬。由此可見白馬不是馬，是確實的了。

(客)曰：以馬之有色為非❶馬，天下非❷有無色之馬也，天下無馬，可乎？

(主)曰：馬固❸有色，故❹有白馬。使❺馬無色，有馬如❻已耳，安取❼白馬？故❽白者❾非馬也，白馬者，馬與白也。馬與白，馬也❿？故曰白馬非馬也。

（客）曰：馬未與⓫白為⓬馬，白未與馬為白，合⓭馬與白，復名⓮白馬，是相與以不相與為名⓯，未可。故曰：白馬非馬，未可。

（主）曰：以有白馬為有馬，謂有白馬為有黃馬⓰，可乎？

（客）曰：未可。

（主）曰：以有馬為異⓱有黃馬，是異⓲黃馬於馬也。異黃馬於馬，是以黃馬為非馬。以黃馬為非馬，而以白馬為有馬，此飛者入池而棺槨異處⓳，此天下之悖言亂辭⓴也。

【章旨】

客仍然從「白」和「馬」的聯繫方面進行辯駁。天下沒有無顏色的馬，如果白色的馬不是馬，同理，黃色黑色及一切顏色的馬都不是馬，豈不是天下沒有馬了嗎？客的反駁有力，迫使主人不得不承認有白馬。但緊接著又強調白與馬的區別，並繼續使用抽換概念的手法，以白馬與黃馬的區別，來否定白與馬的聯繫，進行詭辯。

【注釋】

❶非 不是。

❷非 無。

❸固 本來。

❹**故**　所以。

❺**使**　假設。

❻**如**　而。

❼**安取**　怎麼能取得。

❽**故**　提起連詞，無承上關係。

❾**白者**　指白的顏色。

❿**也**　同「耶」。反詰語氣詞。

⓫**與**　參與。和「結合」的意思相近。下面「白未與馬為白」、「相與以不相與為名」二句的「與」用法相同。

⓬**為**　是。這裡有「才是」的意思。下一句「白未與馬為白」的「為」用法相同。

⓭**合**　使之相結合。

⓮**復名**　複合兩個概念而成的名稱。

⓯**是相與以不相與為名**　這句是針對前面主人的「白馬者，馬與白也」說的，主人將本來相結合的「白馬」，稱為不相結合的「馬與白」。

⓰**謂有白馬為有黃馬**　說有白馬是有黃馬。這當然不可以，但這是主人有意作歪曲的形式類比，

抽換概念。因為「馬」這個概念的外延大於「白馬」，可以包括白馬，而「黃馬」這個概念的外延和白馬的相等，不能包括白馬。

⓱ **異** 不同於。

⓲ **異** 區別。

⓳ **此飛者入池而棺槨異處** 飛者本來在天空而硬說它在水裡活動，棺與槨本來是套在一起的而硬說它們在不同的地方。這是用來做比方說明事理。

⓴ **悖言亂辭** 違反邏輯和沒有條理的話語。

【語　譯】

客說：把有顏色的馬說成不是馬，而天下並沒有無顏色的馬，那麼，說天下沒有馬，可以嗎？

主說：馬本來有顏色，所以有白馬。假設馬沒有顏色，那就只有馬罷了，怎麼能取得白馬呢？但白顏色不是馬，所謂白馬，是馬的形體加白的顏色。馬形加白色，能稱為馬嗎？所以說白馬不是馬。

客說：你認為馬沒有和白結合才是馬，白沒有和馬結合才是白。使馬和白相結合了，使用「白馬」這個複合詞做稱謂。你這是對於相結合的東西用不相結合的詞做稱謂，這是不行的。所以白馬不是馬的說法，是不行的。

主說：你把有白馬說成有馬，那麼，說有白馬是有黃馬，可以嗎？

客回答說：不可以。

主說：你承認有馬不同於有黃馬，這是將黃馬和馬區別開了。區別了黃馬和馬，就是將黃馬看做不是馬。既然把黃馬看做不是馬，卻又把白馬說成有馬，這就好比說飛的東西在水裡活動而棺和槨不在一起，這是天下違反邏輯和沒有條理的話語。

（主）曰：有白馬不可謂無馬者，離白❶之謂也。不離者，有白馬不可謂有馬也。故❷所以為有馬者，獨❸以馬為有馬耳，非有白馬為有馬。故其為有馬也，不可謂馬馬❹也。

（主）曰：白者不定所白❺，忘之而可也❻。白馬者，言白定所白也❼，定所白者非白也。馬者，無去取❽於色，故黃、黑馬皆所以應❾；白馬者，有去取❿於色，黃、黑馬皆所以色去⓫，故唯白馬獨可以應耳。無去者非有去也⓬，故曰：白馬非馬。

【章旨】

總結前面各章的論辯，著重從馬和白馬的概念上的區別，歸納出白馬非馬的結論。

【注釋】

❶**離白** 脫離白色；拋開白色。

❷**故** 因為。

❸**獨** 單獨；僅僅。

❹**馬馬** 第一個「馬」字，指白馬的「白」字而言。公孫龍認為，白馬是馬的形體加白的顏色，說有白馬是有馬，那是僅僅就白馬的「馬」字說的，而不是就白馬的「白」字說的。如果白馬是有馬，那就等於把「白」也當做馬，那麼，「白馬」就成了「馬馬」了。那是不可以的。

❺**不定所白** 不是固定在物體上的白色。

❻**忘之而可也** 可以把它忘記。這意思是暫時把它放在一旁不討論。

❼**言白定所白也** 說到白馬時，那個「白」是固定在馬的形體上的。

❽**無去取** 沒有取捨。

❾**應** 應選。

❿**有去取** 有取捨。

⓫**去** 排斥。

⓬**無去者非有去也** 兩個「去」字後面都應該有「取」字，可能是脫漏了。這句的意思是：對於顏色沒有取捨的「馬」和對於顏色有所取捨的「白馬」是不同的。

【語譯】

主說：你之所以說有白馬不能說成沒有馬，那是把「白」拋開了的說法，如果不拋開「白」，有白馬是不可以說成有馬的。因為你之所以將有白馬說成有馬，僅僅是以「白馬」中的「馬」為有馬罷了，並不是將有白馬說成有馬。所以你的有馬說是拋開了「白」的，但是你不可以將白馬說成「馬馬」啊！

主說：白色是不固定在某一物體上的，這且放在一旁不說。說白馬，那個白就固定在馬的形體上了。固定在某一形體上的「白」，不是通常所說的白了。說馬時，對於顏色是不加取捨的，所以黃馬、黑馬都可以應選；說白馬時，對於顏色就有明確的取捨，黃馬、黑馬都因顏色不合而被排斥，所以只有白馬一種可以應選了。對於顏色沒有取捨的「馬」，不同於對於顏色有取捨的「白馬」，所以說：白馬不是馬。

指物論第三

【題解】

本篇所論述的是「指」和「物」的關係。指、物二字在文中的涵義，不同於一般，它們是一個哲學範疇。指，通「恉」、「旨」，本義是意旨、意趣，文中是稱謂的意思。作為哲學範疇的「指」，屬於主觀世界方面，相當於現代哲學所說的概念、思惟、精神等等。物，物質。作為哲學範疇的「物」，屬於客觀世界方面，相當於現代哲學所說的物質、存在、客觀實在等等。公孫龍論述「指」和「物」的關係，其主要論點是：凡物都有稱謂，沒有無稱謂的物，也沒有無物的稱謂。這個主要論點，也就是全篇的中心論題，全篇都是圍繞這個中心論題展開論述的。公孫龍對於「指」和「物」的關係的論述，還停留在很淺的層次上。而他所使用的論證方法，是有嚴重缺陷的循環論證的方法，即以論題做論據，再回到論題上。這種論證方法，也妨礙了他對「指」和「物」的關係的深入論證。不過他畢竟認識到了「物」和「指」的嚴格區別，這是應該予以肯定的。全文仍然採用主客論辯的表達方式。

(主曰：)物❶莫非指❷，而指非指❸。

(客曰：)天下無指，物無可以謂❹物。非指者天下❺，而物可謂指乎❻？指也者，天下之所無❼也。物也者，天下之所有也。以天下之所有，為❽天下之所無，未可。

(主曰：)天下無指❾而物不可謂指❿也。不可謂指者，非指也⓫？

非指者⑫，物莫非指也。天下無指而物不可謂非指⑬者，非有非指⑭也。非有非指者，物莫非指也。物莫非指者，而指非指也。

【章旨】

開篇便提出全文的中心論題，即凡物都有個稱謂，而稱謂自身沒有稱謂。文章採用循環論證的方法，對論題作了初步論證。由於循環論證的方法是以論題做論據，最後又回到論題，因而缺乏說服力。

【注釋】

❶**物**　客觀存在的一切物質。公孫龍在其〈名實論〉中給物下定義說：「天地與其所產者，物

也。」可見他所說的「物」，是包括天地在內的一切物質。

❷物莫非指　物無不有指。「莫」、「非」兩個否定副詞都有「無」、「沒有」的意思，兩字連文，在這個句子中，成了「無不有」的意思，亦即「都有」的意思。指，通「恉」、「旨」。即意旨、意趣。從本文中「天下無指，物無可以謂物」的話可知，「指」是與「物」相對待的，其涵義是概念、稱謂。

❸指非指　稱謂的本身沒有稱謂。非，無；沒有。

❹謂　稱呼。

❺非指者天下　天下到處都有無稱謂的物質。天下，「遍天下」的省略語。

❻而物可謂指乎　聯繫上句看，這是說萬物能夠說無不有稱謂嗎。

❼無　沒有。這裡是說沒有形體，看不見，摸不著。

❽為　當做。

❾天下無指　這是接過客所說「指也者，天下之所無也」的話頭，來進行辯駁。

❿而物不可謂指　物不能說有稱謂。這也是客的話。

⓫非指也　豈不就是一種稱謂嗎。非，不是。也，同「耶」。反詰語氣詞。

⓬非指者　無稱謂的物。非，無。這句說無稱謂的物，就是對那些暫時還沒有獲得稱謂的物的

一種稱謂。

⓭**物不可謂非指** 物不能說無稱謂。

⓮**非有非指** 沒有無稱謂的物。

【語 譯】

主說：萬物無不有稱謂，而稱謂自身沒有稱謂。

客說：當然，如果天下沒有稱謂，那麼萬物就無法稱呼了。可是沒有稱謂的物遍布天下，能夠說萬物無不有稱謂嗎？再說，稱謂這東西，是沒有形體的，看不見、摸不著的。而物質，是天下處處實際存在著的。把天下所有實際存在著的物，都當做天下所沒有的稱謂，那是不行的。

主說：你認為稱謂是天下所沒有的，因此就說萬物不能說有稱謂。不能說有稱謂，也就是無稱謂，這無稱謂本身不也是一種稱謂麼？既然無稱謂本身也是一種稱謂，可見萬物無不有稱謂。

再說，稱謂雖是天下看不見、摸不著、沒有形體的，但不能說物沒有稱謂，這是因為沒有無稱謂的物。既然沒有無稱謂的物，可見萬物無不有稱謂。所以說萬物無不有稱謂，而稱謂本身沒有稱謂。

（客曰：）天下無指者❶，生於物之各有名❷，不為指❸也。不為指而謂之指❹，是無不為指❺，以有不為指❻為❼無不為指，未可。

（主曰：）且❽指者天下之所無❾。天下無指者，物不可謂無指❿也；不可謂無指者，非有非指⓫也；非有非指者，物莫非指，指非非指⓬也，指與物⓭非指⓮也。

使⓯天下無物指⓰，誰徑謂⓱非指⓲？天下無物，誰徑謂指？天下有指無物指⑲，誰徑謂非指⑳、徑謂無物非指㉑？

且夫指固㉒自為非指㉓，奚㉔待於物㉕而乃與為非指㉖？

【章旨】

客又提出新的否定論題的理由說：「我認為天下沒有稱謂，原因是萬物在產生的同時，也就產生了各自的稱謂，不需要人們為它們創設稱謂了。」作者仍然採用循環論證的方法進行論辯，最後回到論題。和前章相比較，沒有提出新的有力論據，也沒有做出深入一層的論證。

【注釋】

❶者　語末助詞，表提示。

❷**生於物之各有名** 萬物產生的同時也就產生了各自的名稱。
❸**不為指** 不必創設稱謂。為，用作動詞。
❹**謂之指** 說成是創設的稱謂。
❺**是無不為指** 這就沒有不是人們創設的稱謂了。是，這就。無，舊本有的作「兼」。
❻**有不為指** 即不為指。有字與「無」相反對，為加強語意，故用這個「有」字。
❼**為** 作為。
❽**且** 若；如果。假設連詞。
❾**指者天下之所無** 天下沒有稱謂。這是客的觀點，所以前面加「且」字來表示。
❿**物不可謂無指** 萬物不能說沒有自己的稱謂。
⓫**非有非指** 沒有無稱謂的物。
⓬**指非非指** 萬物的稱謂無不是稱謂。前一個「非」字，做無字講；後一個「非」字，做不是講。
⓭**指與物** 「指與物並生」的省略語，即客所說的「生於物之各有名」。
⓮**非指** 無稱謂。即不能用稱謂來表示。
⓯**使** 假設。這個「使」字，直貫串下面的三個反問句。

⑯物指　物的稱謂。下同。
⑰誰徑謂　何人能直接說。意思是其說必須有前提，否則便不能這樣說。下同。誰，何人。徑謂，直接說。
⑱非指　無稱謂。回應客「非指者天下」句。
⑲有指無物指　有稱謂而沒有物的稱謂。這是假設的說法，作者認為不存在無物的稱謂。
⑳誰徑謂非指　何人能直接說無稱謂。這是對上句中的「天下有指」說的。
㉑徑謂無物非指　何人能直接說無物無稱謂。這是對上句中的「無物指」說的。
㉒固　本來。
㉓自為非指　自己使自己無稱謂。意思是自己是稱謂，不能再給稱謂來一個稱謂。
㉔奚　何。
㉕待於物　等到論證了物有稱謂的意思。
㉖乃與為非指　才能和物相對舉說稱謂自己沒有稱謂呢。

【語譯】

客說：我認為天下沒有稱謂，是因為萬物在它們產生的同時，也就產生了各自的名稱，不需要人們為它們創設稱謂。把本來不是人們創設的稱謂，硬作為人們為它們創設的稱謂，這就得出了萬物無不需要人們為之創設稱謂的結論。這種把本不是人們創設的稱謂硬作為無不是人們創設的稱謂的說法，是不行的。

主說：如果按照你的說法，天下是沒有稱謂的。但是，天下雖然沒有看得見、摸得著的稱謂，這並不能說萬物沒有自己的稱謂；不能說萬物沒有自己的稱謂，是因為天下沒有無稱謂的物；天下沒有無稱謂的物，就是萬物無不有稱謂，而萬物的稱謂無不是稱謂。你說稱謂與物同時產生，這才真是無稱謂，不能用稱謂來表示啊。

假設天下沒有物的稱謂，何人能直接說沒有稱謂的物遍天下呢？假設天下沒有物，何人能直接說物的稱謂呢？假設天下有稱謂而沒有物的稱謂，何人能夠直接說無稱謂，以及直接說無物無稱謂呢？

況且，稱謂本來就使得自身無稱謂了，何必等到論證了物無不有稱謂然後才能和物相對舉說稱謂自身沒有稱謂呢？

通變論第四

【題解】

本篇論述事物的「通變」。通，指不同事物的相互融通。變，指不同事物經過相互融通而產生變化。這是公孫龍論述事物變化的一篇專題論文。

全文的中心論點是「二無一」，圍繞這個中心論點，作者還提出了「二無左」、「二無右」、「左與右可謂二」、「變非不變」等觀點。所謂「二無一」，是說兩個不同的物質，不能通變成為另一新的物質。這個論點表明：公孫龍所說的通變，只能是局部的、有限的、非本質的。簡言之，他只承認事物有量變，而不承認事物有質變。文章在論證中列舉了兩個例子，一個是「羊合牛非馬，牛合羊非雞」；另一個是「青以白非黃，白以青非碧」。作者從知識論的角度，對牛、羊、馬、雞、青、白、黃、碧的類別，作了細緻的區分，不僅指出這些事物的某些相同之處，更嚴格地辨別了它們的許多相異之處，這對於深入的認識事物是頗為有益的。他還指出，用「牛合羊非雞」、「白以青非碧」的例子來論證「二無一」，是錯誤的舉例，更是豐富了當時的邏輯理論。

但是，本篇題為「通變」，而文章講到事物的變化的卻很少。例如當客人問到「右有與，可謂變乎」、「變奚」這個重要問題時，他卻虛晃一槍，狡猾的避開了。不難看出，談論事物的變化，而卻不承認有質變，這就難免陷於窘境。還有，文中關於雞足三，牛羊足五的那段論述，與本篇論旨無關，顯然是藉機宣揚他的形上學，是故弄玄虛，毫不可取。

(客)曰：二有一乎❶？

(主)曰：二無一❷。

(客)曰：二有右乎❸？

（主）曰：二無右❹。

（客）曰：二有左乎？

（主）曰：二無左。

（客）曰：右可謂二乎❺？

（主）曰：不可。

（客）曰：左可謂二乎？

（主）曰：不可。

（客）曰：左與❻右可謂二乎？

（主）曰：可。

【章旨】

提出事物變化的一些主要觀點，這就是：二無一、二無左、二無右、左與右可謂二。其中二無一是最主要的觀點，其他都是由此派生出來的。所謂二無一，是說兩個不同的事物，不能通變為另一新的事物。

【注釋】

❶二有一乎　兩個不同的事物，能夠融通變化成為另一新的事物嗎。二，喻指兩個不同的事物。有，同「為」。一，指另一個新的事物。按：對於「二無一」的解釋，古今有所不同。宋人謝希深注解說：「如白與馬為二物，不可合一以為二。」（見中華書局四部備要本《公孫龍子》）今人屈志清《公孫龍子新注》說：「二：借喻兩個不同的部分，或兩個不同的事物。」「一：借喻另一個新的整體，或一個新的事物。」這裡採用屈說。

❷二無一　「二無有一」的省略語。這句是說兩個不同的事物，不能通變為另一個新的事物。無，不。否定副詞，下同。

❸二有右乎　兩個不同的事物，可以分為右半部分嗎。右，右半部分。

❹二無右　「二無有右」的省略語。即兩個不同的事物，不能分為右半部分。
❺右可謂二乎　右半部分可稱為兩個不同的事物嗎。右，右半部分。二，兩個不同的事物。
❻與　和。

【語　譯】

客問：兩個不同的事物，能夠通變成為另一新的事物嗎？
主答：兩個不同的事物，不能通變為另一新的事物。
客問：兩個不同的事物，可以分為右半部分嗎？
主答：兩個不同的事物，不能分為右半部分。
客問：兩個不同的事物，可以分為左半部分嗎？
主答：兩個不同的事物，不能分為左半部分。
客問：右半部分可稱為兩個不同的事物嗎？
主答：不能。

客問：左半部分可稱為兩個不同的事物嗎？

主答：不能。

客問：左半部分和右半部分可稱為兩個不同的部分嗎？

主答：可以。

（客）曰：謂變非❶不變，可乎？

（主）曰：可。

（客）曰：右有與❷，可謂變乎？

（主）曰：可。

（客）曰：變奚❸？

（主）曰：右。

（客）曰：右苟❹變，安❺可謂右？

（主）曰：右苟不變，安可謂變？

【章旨】

在前章裡，作者不承認「二有一」，即否認兩個不同的事物，在一定條件下相互融通，可以變化成為另一新的事物。換言之，即不承認事物有質變。本章又說變不是不變，即承認事物有變化。那麼，這變化當然只能是量變，即局部的、有限的、非本質的變化了。

【注釋】

❶非　不是。

❷與　黨與。名詞。此處指和其他事物相結合。

❸奚　何；何處。

❹苟　如果。假設連詞。

❺安　怎麼。疑問副詞。

【語　譯】

客問：說變不是不變，可以嗎？

主答：可以。

客問：右半部分和其他事物相結合了，可以說這個事物變化了嗎？

主答：可以。

客問：變在哪裡？

主答：在右半部分。

客問：如果右半部分已經變化了，怎麼還能稱它是右半部分呢？

主反問：如果右半部分沒有變，怎麼能說它變了呢？

(客)曰：二苟無左，又無右，二者左與右❶，奈何❷？

(主)曰：羊合❸牛非❹馬，牛合羊非雞。

(客)曰：何哉？

(主)曰：羊與牛唯❺異，羊有齒，牛無齒❻，而牛之非❼羊也，羊之非牛也，未可。是不俱有❽而或類❾焉。

羊有角，牛有角，牛之而❿羊也，羊之而牛也，未可。是俱有⓫而類之不同也。羊牛有角，馬無角，馬有尾，羊牛無尾⓬，故曰：羊合牛非馬也。非馬者，無馬⓭也。無馬者，羊不二，牛不二，而羊牛二，是⓮而羊而牛非馬可也。若⓯舉而以⓰是，猶類之不同。若左右⓱，猶是舉⓲。

牛羊有毛，雞有羽。謂雞足一[19]，數足二[20]，二而一故三[21]；謂牛羊足一，數足四，四而一故五[22]。牛羊足五，雞足三，故曰牛合羊非[23]雞。非[24]，有以非雞[25]也。與馬以雞寧馬[26]。材[27]不材[28]，其無以類[29]，審矣[30]！舉是亂名[31]，是謂狂舉[32]。

【章旨】

前兩章分別論證了「二無一」、「變非不變」，本章是論證「二無左、右」。客人提出：既然說二無所謂左和右，卻又說左和右可以叫做二，這如何解釋？這裡舉出羊合牛非馬，牛合羊非雞做例子，做了具體論證。其中雖然也說到了左和右的某些聯繫，但主要講的是左和右的區別。而且，全章字面上講的是「二無左、右」，最後還是歸結到「二無一」。

【注釋】

❶**二者左與右** 這句的意思就是第一章中的客曰：「左與右可謂二乎？」主曰：「可。」

❷**奈何** 怎麼辦。這裡是說做何解釋。

❸**合** 合併。

❹**非** 不是。下「牛合羊非雞」的「非」用法相同。

❺**唯** 用同「雖」。推拓連詞。

❻**牛無齒** 指和羊相比牛無上門齒。

❼**非** 此處是不同於。下「羊之非牛也」的「非」用法相同。

❽**不俱有** 不完全具備。

❾**類** 種類。這裡是同類的意思。

❿**而** 如同。

⓫俱有　完全具備。
⓬羊牛無尾　指羊和牛沒有馬那樣的長毛尾巴。
⓭無馬　沒有馬。
⓮是　這；這樣。指示代詞。
⓯若　如果。
⓰以　用；拿。
⓱若左右　如上面舉的左和右那個例子。
⓲猶是舉　如同這個例子。
⓳謂雞足一　人們說到雞腳，這已是一隻雞腳了。謂，稱說。一，一件東西。
⓴數足二　實際計算雞的腳是二。數，計算。動詞。下「數足四」的「數」用法相同。
㉑二而一故三　計算的雞腳數是二，與稱說的雞腳數一，所以雞腳數共是三。二，計算的雞腳數。而，與。一，稱說的雞腳數。
㉒四而一故五　計算牛或羊腳的數是四，與稱說的腳數一，所以牛或羊腳數都是五。四，計算的牛或羊的腳數。而，與。一，稱說的牛或羊的腳數。
㉓非　不是。

㉔非　「說它不是」的省略語。

㉕有以非雞　有理由認為不是雞。以，故。相當於口語中的「理由」。

㉖與馬以雞寧馬　這句是說：在論證「二無一」時，與其選擇「牛合羊非雞」做例證，寧可選擇「羊合牛非馬」做例證。與，與其。用在這裡成為「與其……寧可……」的比較句式。

㉗材　有用的東西。這裡指馬。

㉘不材　沒有大用處的東西。這裡指雞。

㉙無以類　沒有作為同類的理由。

㉚審矣　是很清楚的了。

㉛舉是亂名　列舉牛群和羊群混合不是雞便混亂了名實關係。是，這個。指「牛合羊非雞」的例子。

㉜是謂狂舉　這就叫做輕率的舉例。狂，輕率的行為。

【語　譯】

客問：兩個不同的事物，如果既不分左半部分，也不分右半部分，卻又說左和右可以稱為兩個不同事物，這又怎樣解釋呢？

主答：羊和牛混合仍然是羊牛而不是馬，牛和羊混合仍然是牛羊而不是雞。

客問：這是什麼意思呢？

主答：羊和牛雖然不同，比如羊有上下齒，而牛沒有上門齒，但僅僅根據這一點來判斷牛不同於羊，羊不同於牛，這是不行的。因為牛雖然不完全具備羊的特徵，但可以算做一類。同樣的理由，僅僅根據羊有角，牛也有角，就斷定牛便是羊，羊便是牛，那也是不行的。因為牛羊雖然具備一些相同的特徵，但種屬又不相同。羊牛都有角而馬沒有角，但是馬有長毛尾巴，而羊牛沒有那樣的長毛尾巴。所以說羊和牛混合不是馬。不是馬，就是沒有馬。不僅沒有馬，而且羊不能單獨成為牛羊群，牛不能單獨成為羊牛群，只有羊牛混合才能成為羊牛群。這樣說，對於羊和牛混合群中，既有羊又有牛而沒有馬，就好理解了。如果舉上述的例子，還可以說明事物的類別的不同。如上述左和右那個例子，和這個例子的論證作用相同。牛和羊都有細毛，雞卻有羽毛。人們說到雞腳，這已是一隻雞腳了，而實際數起來是二，二加一所以雞共有三隻腳。人們說到牛腳或羊腳，這已是一隻牛腳或羊腳了，而實際數起來是四，四加一所以牛羊都是五隻腳。既然牛羊都是五隻腳，雞是三隻腳，所以說牛和羊混合不是雞。說它不是，是有作為不是的理由的。

與其選擇「牛合羊非雞」做例子來論證「二無一」，寧可選擇「羊合牛非馬」做例證。況且馬和雞相比，馬是有用的東西而雞沒有多大用處，它們沒有構成同類的條件，這是很清楚的。因此，如果舉牛和羊混合不是雞的例子，會混亂了名實關係，這就叫做輕率的舉例。

（客）曰：他辯❶？

（主）曰：青以白非黃❷，白以青非碧。

（客）曰：何哉？

（主）曰：青白不相與❸而相與❹，反對❺也；不相鄰❻而相鄰，不害其方❼也。不害其方者，反對而各當其所❽，若左右不驪❾。故一於❿青不可，一於白不可，惡乎其有黃⓫矣哉？黃其正⓬矣，是正舉⓭也。其猶君臣之於國⓮焉，故強壽⓯矣！

而且⓰青驪乎白而白不勝⓱也，白足之勝⓲矣而不勝，是木賊金⓳也。木賊金者碧⓴，碧則非正舉㉑矣。青白不相與㉒而相與，不相勝則兩明㉓也。爭而兩明，其色碧也。與其碧寧黃。黃其馬也，其與類乎㉔。碧其雞也，其與暴乎㉕！暴則君臣爭而兩明㉖也。兩明者，昏不明㉗，非正舉也。非正舉者，名實無當，驪色㉘章㉙焉。故曰兩明也。兩明㉚而道喪㉛，其㉜無有以正㉝焉。

【章　旨】

再舉青、白、黃、碧四種顏色為例，來論證「二無一」。這裡借用了當時流行的「五行」說，加以敷演附會，用以論證「二無一」的道理。最後聯繫到君臣和國家的關係，則顯然是表明他倡導名實之辯的用心和目的。

【注　釋】

❶**他辯**　其他可以用來辯明「二無一」的道理的例證。這句是問：除開上述羊合牛非馬，牛合羊非雞，還有別的例證嗎。

❷**青以白非黃**　青色與白色混合不能變為黃色。青，青顏色。下文白、黃等均指顏色。以，與。介詞。下句「白以青非碧」的「與」用法相同。

❸**不相與**　不相及；不能互相結合。按戰國時期已經流行的「五行」（金、木、水、火、土）說，

青色代表木，在東方；白色代表金，在西方，故不相及。

❹**而相與**　硬行使它們相結合。

❺**反對**　青色和白色所代表的方位，一東一西，相反相對。

❻**不相鄰**　不相接近。

❼**不害其方**　不影響和改變青色和白色的方位。

❽**各當其所**　各自處於固有的位置上。

❾**若左右不驪**　就像左和右一樣不相依附。若，如同。左右，指前文說到的左和右兩個不同部分。不驪，不相依附。驪是「麗」的假借字。依附的意思。

❿**一於**　統一於。下句「一於白不可」的「一於」用法相同。

⓫**惡乎其有黃**　哪兒有黃色呢。惡，何處。疑問代名詞。

⓬**黃其正**　黃色是中正色。按黃色代表土，位居中央，是四方之首，故稱「正」。

⓭**正舉**　正確的舉例。與前面說的「狂舉」相對待。

⓮**其猶君臣之於國**　青、白、黃的關係，如同君臣和國家的關係。其，代指青、白和黃的關係。

⓯**強壽**　指國家強盛，國運長久。

⓰**而且**　相當於現代漢語中的「如果」。

⑰**青驪乎白而白不勝**　青色附著白色時白色剋制不了青色。勝，剋制。按古代人關於五行相生相剋的原理是水剋火，火剋金，金剋木，木剋土，土剋水。

⑱**白足之勝**　白色足以剋制青色。白色代表金而青色代表木，按五行相剋的原理，金足以剋制木，故白足以剋制青。

⑲**木賊金**　木侵犯了金。賊，侵犯。白不勝青，便是金不剋木，便是木侵犯了金。

⑳**木賊金者碧**　木侵犯了金，便是青色侵犯了白色，便成了不青不白的碧色。

㉑**碧則非正舉**　碧色不是正色，用來作為例證，便不是正確的舉例。

㉒**青白不相與**　青在東方，白在西方，所以兩不相及。

㉓**不相勝則兩明**　青不能剋制白，白也不能剋制青，青與白爭相顯示。明，顯示。

㉔**黃其馬也二句**　黃色按五行說屬正色之一，所以黃色相當於馬和牛羊之間的關係，是同一種類。

㉕**碧其雞也二句**　碧色按五行說屬非正色，所以相當於雞和牛羊之間的關係，是不倫不類，混亂了名實關係。暴，亂。

㉖**暴則君臣爭而兩明**　亂則君臣相爭而各自顯示其力量。按，這裡將形而上的學說直接與社會現實相聯繫，是他「疾名實之散亂」的具體表現。

㉗昏不明　指君臣相爭，國家必定政治昏暗不明。
㉘驪色　依附之色。例如上文的「青驪乎白而白不勝」，青色就是驪色。
㉙章　同「彰」。顯著。
㉚兩明　這裡指君臣相爭。
㉛道喪　指治國之道喪失。
㉜其　代指治國之道喪失的狀況。
㉝無有以正　沒有用來糾正的方法。

【語　譯】

客問：其他的例證呢？
主答：青色和白色混合不能變成黃色，白色和青色混合不能變成碧色。
客問：這是為什麼呢？
主解釋說：青色在東方，白色在西方，它們本來不互相結合而硬行使它們結合，其結果是相互反對；它們本來不相接近而硬行使它們接近，這並不能改變它們的方位。不能改變它們的方位，那麼它們的方位相反而各自處於固有的位置上，就好比前面說到過的左和右兩個不同事物不相依附。所以白色既不能統一於青色，青色也不能統一於白色，哪兒會有黃色產生呢？黃色是正色，是正確的舉例。黃色和青色白色的關係，就像君臣和國家的關係一樣，君臣各安其位，國家便能強盛和長久。

如果青色附著白色而白色不能剋制它，白色代表金，本來足以剋制代表木的青色而卻不能剋制，這是木侵犯了金，木侵犯金就是青色侵犯白色，便成為不青不白的碧色了。碧色不是正確的舉例。青色和白色不相接近而硬行使它們相接近，不能相剋制便會各自顯示力量，相爭而各自顯示力量，便出現了碧色這種雜色。

與其舉「白以青非碧」的例子來論證「二無一」，寧可舉「青以白非黃」的例子。黃色是正色，它和青色白色之間的關係，相當於馬和牛羊之間的關係，是屬於同類。碧色是雜色，它和青色白色之間的關係，相當於雞和牛羊之間的關係，不倫不類，混亂了名實關係。混亂則君和臣相爭而各自顯示其力量，君和臣各自顯示力量，國家政治便昏暗。因此，這是不正確的舉例。不是正確舉例，便是名和實不相當，依附於白色的青色太顯著了，所以說青色和白色兩者各自顯示力量。國家的君和臣各自顯示力量，治國之道就淪喪了，這種治國之道淪喪的狀況，便無法糾正了。

堅白論第五

【題解】

這篇〈堅白論〉，是公孫龍的又一著名代表作品，和他的〈白馬論〉一樣，在當時就有很大的影響。莊子在〈秋水〉裡說到公孫龍，就曾稱述其「合同異，離堅白」的學說，所謂離堅白，指的就是這篇〈堅白論〉所提出的論點。

文章仍採用主客相互問答、辯論的方式行文，從人的手和眼等感覺器官在認識事物中的不同作用著眼，依據「視不得其所堅而得其所白」，「拊不得其所白而得其所堅」的事實，得出如下的兩點結論：其一，堅白石的堅性與白色，不可能在一個認識過程中同時知道，可見堅性與白色是各自獨立的，互相分離的；其二，由此推知，天下萬物也都是各自獨立，各各分離的，這是客觀世界的正常狀態。這就是文章的結語所說的「故獨而正」。

作者在與客的論辯中，還具體地分析了堅與白都依附在石上，並且它們又都是兼及天下萬物的。而不依附於任何物體的堅和白，則是隱藏著的。此外，還指出手和眼能分別感知堅和白，那也是有條件的，眼如果失明，手如果麻木了，還是不能知道堅和白。以上這些分析，都能言之成理，有可取之處。

但是，通觀全文，公孫龍只承認堅與白的分離，而不承認二者的聯繫，客所提出的「堅白域於石」的正確觀點，他也不予承認。他無視人對於物體的綜合認識能力，按照他的觀點，人只能分別認識堅石和白石，而永遠不可能認識堅白石了，這就是他的「離堅白」的觀點的極端片面性之所在。

(客曰：)堅白石三❶，可乎？

(主)曰：不可。

(客)曰：二❷，可乎？

(主)曰：可。

(客)曰：何哉？

(主)曰：無堅得白❸，其舉也二❹；無白得堅❺，其舉也二❻。

(客)曰：得其所白，不可謂無白❼；得其所堅，不可謂無堅❽。而之石也之於然也❾，非三也❿？

(主)曰：視不得其所堅而得其所白者⓫，無堅也⓬；拊不得其所白而得其所堅者⓭，無白也⓮。

【章旨】

根據人的感覺器官的功能不同，因而「視不得其所堅」、「拊不得其所白」的事實，得出人不能同時知道堅白石的堅性白色石形三者的結論，為「離堅白」的論題奠定了立論的基礎。

【注釋】

❶堅白石三　指堅白石的堅性、白色、石形三種屬性。從下文可知，這句是客問：人可以同時知道堅白石的三種屬性嗎。

❷二　指堅石（堅性、石形）二種屬性，或白石（白色、石形）二種屬性。

❸無堅得白　指用眼睛看不見堅性，而可以看見白色。

❹其舉也二　那樣就只能舉出白色和石形這兩種屬性。

❺無白得堅　指用手敲擊，不能知道它的白色，而可以知道它的堅性。

❻其舉也二　那樣只能舉出堅性和石形這兩種屬性。

❼得其所白二句　指用視覺知道了堅白石的白色，就不可以說它沒有白色。

❽得其所堅二句　指用觸覺知道了堅白石的堅性，就不可以說它沒有堅性。

❾而之石也之於然也　這塊石頭在於如此。意思是這塊石頭本來就是這樣。之石，這塊石頭，指堅性白色的石頭。之，語中助詞，無實義。於，在的意思。然，如此。指石有石形、堅性、白色三種屬性。

❿非三也　豈不是堅性、白色、石形三種屬性都知道了嗎。也，同「耶」。反詰語氣詞。

⓫視不得其所堅句　視覺不能得知堅白石的堅性，而能得知它的白色。

⓬無堅也　就是缺少了堅性。

⓭拊不得其所白句　觸覺不能知道堅白石的白色，而能知道它的堅性。拊，同「撫」。撫摸；敲擊。

⓮無白也　就是缺少了白色。

【語　譯】

客問：人能夠同時知道堅白石的堅性、白色、石形三種屬性，可以這樣說嗎？

主答：不可以。

客又問：說人能夠同時知道堅白石的石形與堅性，或者石形與白色，可以嗎？

主答：可以。

客再問：這是什麼原因呢？

主答：不知道石的堅性而知道石的白色，那樣就只能舉出白色和石形兩種屬性。不知道石的白色而知道石的堅性，那樣就只能舉出堅性和石形這兩種屬性。

客反問：既然知道了那塊石頭的白色，就不能說它沒有白色；知道了那塊石頭的堅性，就不能說它沒有堅性。而那塊石頭本來就是堅性、白色、石形三者結合在一起的，這豈不是堅、白、石三者同時被人所知道了嗎？

主答：用眼睛觀察不能得知石的堅性而能得知石的白色，那就缺少了堅性；用手撫摸不能得知石的白色而能得知石的堅性，那就缺少了白色。

（客）曰：天下無白，不可以視石❶；天下無堅，不可以謂石❷。堅、白、石不相外❸，藏之可乎❹？

(主)曰：有自藏也❺，非藏而藏❻也。

(客)曰：其白也，其堅也，而石必得以相盈❼，其自藏奈何❽？

(主)曰：得其白，得其堅，見與不見謂之離❾。一一不相盈❿，故離⓫。離也者，藏也⓬。

【章　旨】

正式提出「見與不見謂之離」的論點，這就是著名的「離堅白」的觀點，也就是本篇的中心論旨，從而將主客論辯引向深入。

【注　釋】

❶天下無白二句　假設天下沒有白色，人就不能辨認出白色的石頭來了。

❷天下無堅二句　假設天下沒有堅性，人就不能稱它為堅石了。

❸堅白石不相外　堅性、白色、石形三者不互相排斥。

❹藏之可乎　難道那堅性或者白色能隱藏起來嗎。藏，隱藏。之，代指堅性或白色。

❺有自藏也　有的時候堅白石會自己隱藏其某種屬性。這是指用眼睛觀察時則「堅」藏，用手撫摸時則「白」藏。

❻非藏而藏　不是人為地隱藏才隱藏的。

❼而石必得以相盈　石必然包容堅性與白色。相盈，相充滿；相包容。

❽其自藏奈何　它怎樣使自己隱藏起來呢。奈何，怎樣對付。

❾見與不見謂之離　眼睛看見白與看不見堅，這就叫做白與堅相分離。

❿一一不相盈　石不能包容堅性與白色。一一，指堅性與白色。

⓫故離　所以堅與白是分離的。

⓬離也者二句　意思是因為堅與白是分離的，所以才會有時自己藏起來。離就是藏。

【語　譯】

客進一步問：假設天下沒有白色，人們就不能辨認出白色的石頭；假設天下沒有堅性，人們就不能稱它為堅石。堅性、白色、石形三者並不是互相排斥的，難道能隱藏那堅性或者白色的屬性嗎？

主答：有時堅白石會自己隱藏某種屬性，而不是人為地隱藏才隱藏的。

客又問：石的白色，石的堅性，是石所必然包容的，它怎樣使自己隱藏起來呢？

主答：看見石的白色，摸到石的堅性，那看得見的白色和看不見的堅性，摸得到的堅性和摸不到的白色情形就叫做分離。石不能逐個包容白色和堅性，所以說，白色和堅性是互相分離的。分離，就是隱藏的緣故。

（客）曰：石之白，石之堅，見與不見，二❶與三❷，若廣修而相盈❸也，其非舉乎❹？

（主）曰：物白焉，不定其所白❺；物堅焉，不定其所堅❻。不定者兼❼，惡乎其石也❽？

（客）曰：循石[9]，非彼無石[10]；非石，無所取乎白石[11]。不相離者，固乎然[12]，其無已[13]！

（主）曰：於石，一也[14]；堅白，二也[15]，而在於石[16]。故有知焉，有不知焉；有見焉，有不見焉。故知與不知相與離[17]，見與不見相與藏[18]。藏，故孰謂之不離[19]？

（客）曰：目不能堅[20]，手不能白[21]，不可謂無堅，不可謂無白。其異任也[22]，其無以代也[23]。堅白域於石[24]，惡乎離？

（主）曰：堅未與石為堅而物兼[25]，未與物為堅而堅必堅[26]。其不堅石物而堅，天下未有若堅[27]，而堅藏[28]。白固不能自白[29]，惡能白石物乎？若白者[30]必白，則白石物而白焉[31]。黃黑與之然[32]。石其無有，惡取乎堅白石乎[33]？

【章旨】

闡明堅白石的堅性與白色，各自獨立，互相分離的理由：一方面是堅性與白色並不僅僅依附於石，而是兼及於天下萬物，可以分別依附於各種不同的物體的。另一方面是堅性與白色，分別由手和眼的作用才能得知。這兩方面的事實，都是堅與白分離的有力證據和理由。

【注釋】

❶二　指堅石與白石。

❷三　指堅性、白色、石形。

❸若廣修而相盈　指堅石、白石包容在堅白石之中，就像物體的闊與長相互包容。

❹其非舉乎　這豈不是將堅、白、石三者都舉出來了嗎。

❺不定其所白　不固定在某一白色物體之上。

❻不定其所堅　不固定在某一堅性的物體上。

❼不定者兼　不固定的原因是，它們本來就是兼及萬物的。

❽惡乎其石也　怎麼能說只固定在石頭上呢。也，同「耶」。反詰語氣詞。

❾循石　撫摸石頭。循，義同「拊」。撫摸。

❿非彼無石　沒有那堅性也就沒有了石頭。意思是堅性和石頭是緊密聯繫在一起，不可分離的。彼，這裡指堅性。

⓫非石二句　沒有那石形也就無法得到白石了。意思是白色和石頭也是緊密聯繫在一起，不可分離的。

⓬不相離者二句　石頭的堅性、白色和石形不相分離，本來就是如此。

⓭其無已　那不相分離的情形沒有止境。

⓮於石一也　以石而言，是一個物體。於，同「以」。

⓯堅白二也　堅性與白色，卻是兩個不同的東西。

⓰而在於石　堅性與白色都寓在石頭中。

⓱故知與不知相與離　指用手撫摸石頭，能知道的堅性，和不能知道的白色，是相互分離的。

⑱見與不見相與藏　指用眼觀察石頭，能見到的白色，和不能見到的堅性，是相互隱藏的。

⑲藏故孰謂之不離　堅性和白色都有隱藏的時候，所以誰能說它們不分離呢。

⑳目不能堅　「目不能視堅」的省略語。即眼睛看不出堅性。

㉑手不能白　「手不能撫白」的省略語。即手摸不出白色。

㉒其異任也　眼和手的作用不相同。任，用。

㉓其無以代也　眼和手不能互相替代。

㉔堅白域於石　堅性與白色都處在石中。域，居；處在。

㉕堅未與石為堅而物兼　當堅性沒有依附於石而使石堅的時候，它是會依附於其他的物而使它們堅的。物兼，即「兼物」。多種物。

㉖未與物為堅而堅必堅　當堅性沒有依附於其他的物而使它們堅時，那就一定使它自身堅了。

㉗天下未有若堅　天下沒有這樣不堅石物而堅的堅。若，此。指示形容詞。

㉘而堅藏　那種使自身堅的堅是隱藏的。

㉙白固不能自白　白色本來不能自身呈現出白色。

㉚白者　指白色。

㉛則白石物而白焉　那就必定使石和其他的物成為白色而呈現出白色來。

㉜黃黑與之然　黃色、黑色也與白色的情形相同。

㉝石其無有二句　如果連石頭也沒有，又怎麼能得到堅白石。

【語　譯】

客問：石的白色，石的堅性，或看得見摸不出，或摸得著看不見，這堅石、白石和堅性、白色、石形就如同物體的寬和長那樣互相包容，這樣說豈不是將堅、白、石三者都舉出來了嗎？

主答：說某一物體是白色的，那是就這一物體而言，其實白色並不固定依附在這一物體之上；說某一物體是堅硬的，那是就這一物體而言，其實堅性並不固定依附在這一物體上。其所以不固定，是由於白色和堅性都可以兼及萬物，怎麼能說它們固定依附於石頭上呢？

客又說：用手撫摸石頭能知道它的堅性，這就證明沒有堅性也就沒有石頭；如果沒有石頭，也就無法得到白石了。由此可見堅性、白色、石形三者不相分離的情形，是本來如此的，而且永遠如此！

主說：對於石形說來，固然是一個物體，然而堅性和白色，卻是兩個不同的東西，都依附在石形上。正因為它們是兩個不同的東西，人們用手撫摸時，就只能知道它的堅性，而不能知道它的白色；用眼睛觀察時，就只能看見它的白色，而看不見它的堅性。所以說能知道的堅性與不能知道的白色，是相互分離的；看得見的白色與看不見的堅性，是互相隱藏的。既然相互隱藏，所以誰還能說它們不分離呢？

客問：固然眼睛看不見堅性，手摸不出白色，但是不能因此就說用眼睛觀察時堅性就不存在了，用手撫摸時白色就不存在了。那只是由於眼和手的作用不同，互相不能替代罷了。堅性和白色都處在石形之中，它們怎麼分離了呢？

主解釋說：當堅性沒有依附於石使石堅的時候，它是會使其他的物堅的，當堅性也沒有依附於其他的物而使它們堅時，那就必然使它自身堅了。然而天下沒有這種不依附於石和其他物而堅的堅，那種只使自身堅的堅是隱藏著的。再說白色本來不能自身呈現出白色來，怎麼能不依附於石或其他物呢？如果說白色一定會呈現出白色來，那是它使石頭或其他的物成為白色才呈現出白色來的。黃色黑色的情形也和白色的情形一樣。如果連石頭也沒有，怎麼能得到堅白石呢？

㈤曰：故離也❶。離也者，因是❷。力與知果，不若因是❸。且猶白以目❹，而目以火見❺，而火不見❻，則火與目不見而神見❼，神不見而見離❽。堅以手❾，而手以捶❿，是捶與手知而不知⓫，而神與不知⓬。神乎！是之謂離焉⓭。離也者天下⓮，故獨而正⓯。

【章　旨】

總結全篇，得出如下結論：分離的狀態充滿天下，萬物都是各自獨立，各在其位的，這才是正常狀態。這一結論的提出，便完成了「離堅白」的論題。

【注釋】

❶**故離也** 所以說堅性與白色是分離的。

❷**離也者因是** 說分離，就由於上述兩個方面的緣故。是，代指上文所論證的「堅未與石為堅而物兼」，以及「視不得其所堅，拊不得其所白」。

❸**力與知果二句** 與其花力氣去探究堅性與白色不分離的結論，還不如相信上述的兩方面理由。果，結果。即結論。

❹**且猶白以目** 況且白色是用眼睛看才知道它是白色的。且猶，兩個副詞連文，可以互訓，是況且的意思。

❺**而目以火見** 眼睛是憑藉自己的光才能看見。火，眼睛的光。

❻**而火不見** 如果眼睛的光失去了而看不見。而，同「如」。假設連詞。

❼**神見** 依靠神智而知道。

❽神不見而見離　神智也有不知道的，可知白色與堅性是相分離的。

❾堅以手　堅性是用手撫摸才知道的。

❿而手以捶　手是用敲擊的方法才知道堅性的。捶，敲擊。

⓫是捶與手知而不知　用手捶是可以知道堅性但卻不知道。這是指手失去知覺的情形說的。

⓬而神與不知　而神不知。是說神智也不知道。與，語中助詞。

⓭神乎二句　神智也有時不知道堅性和白色，這就是堅性與白色的分離。

⓮離也者天下　分離的狀態遍及天下。

⓯故獨而正　所以分離才是唯一正確的結論。獨，唯一的。正，正確。

【語　譯】

主說：所以說堅性與白色是分離的。說分離，就是由於上述兩個方面的理由。與其花費力氣去探究堅性與白色不分離的結論，不如相信上述兩方面的理由。況且，白色是用眼睛看才知道它是白色，而眼睛又是憑藉自己的光才能夠看見，如果眼睛的光失去而看不見了，那麼，光和眼睛不能知道白色而只有神智能夠知道了。神智也有不知道的時候，那就足以證明白色和堅性相分離了。堅性是用手撫摸才知道的，而手是用敲擊的方法才知道。本來是用手捶可以知道的卻因手失去知覺不知道了，而神智也不知道。神智啊，也有不知道的，這就是堅性與白色的分離。分離的狀況遍及天下，所以離堅白才是唯一正確的結論。

名實論第六

【題解】

這是現存《公孫龍子》六篇的最後一篇。除去〈跡府〉為他人所作外，其餘五論中，這篇〈名實論〉具有明顯的特殊性，其他四論都是從各個不同的側面談論名和實，本篇則是從總體上論述名實關係的掌握和運用，這就使得本篇具有了統領全書的性質。而按照先秦書籍將序言置於全書末尾的慣例，本篇又恰是排列在五論之末，因此，說〈名實論〉是《公孫龍子》全書的序言，不是沒有理由的。

文章首先給「物」下定義，認為天地和它們所生的一切都是物，而物是由它自身的質素所構成的，是不依賴人的主觀意識而獨立存在的實體，這實體處在一定的時空位置上。這些論斷，表明了作者鮮明的樸素唯物論觀點。文章接著用較多的筆墨詳細論述了名和實的關係，提出了以下三點：要糾正名實關係的混亂狀態，最重要的是糾正「實」的位置；一個正確的名稱，必須正確的使用；如果「實」發生了變化，就不應該再使用原來的「名」了。所有這些論點，都表明了一個極為可貴的思想，這就是「實」決定「名」，而「名」必須隨著「實」的變化而改變的樸素辯證法觀點。

誠然，公孫龍在其他四論中，並沒有完全按照上述的觀點與思想，去論述名實關係的種種問題，而是摻入了不少形上學和詭辯論，但那不是《公孫龍子》的主流，則是可以斷定的。

天地❶與其所產者，物❷也。物以物其所物❸而不過❹焉，實❺也。實以實其所實❻而不曠❼焉，位❽也。出其所位❾非位❿，而位其所位⓫焉，正⓬也。

【章旨】

開篇便給「物」下定義：天和地，是物；天和地所生的一切，也是物。物是實在的，離開人的意識而獨立存在的。物處在一定的時間和空間的位置上。三個判斷構成了樸素唯物論的「物」的概念，為本篇奠定了理論基礎。

【注釋】

❶**天地**　這裡指的是有形體的、自然的天和地。它們是物體。

❷**物**　物體；物質。

❸**物其所物**　前一個物字用如動詞，有構成、形成的意思。後一個物字是名詞，指物體所具備的質素，或簡稱質素。

❹**不過**　不超過；不多出。按文意應包括「不及」的意思，即不多不少。這是原作行文不夠嚴

密的地方。

❺**實**　實在。即物自身，或稱本體。

❻**實其所實**　前一個實字用如動詞，有充實、占據等意思。後一個實字是名詞，即自身、本體。

❼**不曠**　不空缺；不短少。按文意應包括「不溢」的意思，即不多不少。這也是原作行文不夠嚴密的地方。

❽**位**　位置。

❾**出其所位**　指離開一定的時空位置。

❿**非位**　不是本來的位置。

⓫**位其所位**　處在本來的位置上。

⓬**正**　正當；正常。

【語　譯】

天地和它們所生的一切，都是物體。物體用來構成這個物體的質素不多不少，這就是物的本體。本體用來充實自身而不空缺不滿溢的，是位置。物體離開一定的時間與空間位置，就不是原來的位置了，只有處在本來的時間與空間位置上，才是正常的。

以其所正❶，正❷其所不正❸；不以其所不正，疑❹其所正。其正者，正其所實❺也。正其所實者，正其名❻也。

其名正❼，則唯乎❽其彼此❾焉。謂❿彼而彼⓫不唯乎彼，則彼謂⓬不行⓭；謂此而此⓮不唯乎此，則此謂⓯不行。其以當不當⓰也。不當而當⓱，亂⓲也。

故彼彼⓳當乎彼⓴，則唯乎彼㉑，其謂行彼㉒；此此㉓當乎此㉔，則唯乎此㉕，其謂行此㉖。其以當而當㉗，以當而當，正㉘也。

故彼彼止于彼㉙，此此止于此㉚，可。彼此而彼且此㉛，此彼而此且彼32，不可。

【章旨】

詳細而具體地論述名與實的關係。這裡主要講了三點：其一，要糾正名實混亂的情形，就要糾正物體自身所占據的時空位置，使之「位其所位」，這樣，它的名稱也就正確了。其二，正確的名稱，必須恰當的使用而不能濫用，否則就會造成名實混亂。其三，某物的名稱應該限於此物，把它固定下來。這些論點都是對的，反映了實決定名的樸素唯物論觀點。

【注釋】

❶所正　正常。下文「疑其所正」的「所正」用法相同。所，語中助詞。正常就是文中所說的

「位其所位」，就是名實相符。

❷**正**　糾正。用作動詞。本段「其正者」以下四個「正」字用法相同。

❸**不正**　不正常。就是文中所說的「出其所位」，也就是名與實不相符合。

❹**疑**　懷疑。

❺**所實**　實在；本體。所，語中助詞。

❻**名**　稱謂。

❼**名正**　名稱正確。

❽**唯乎**　唯獨；專屬。

❾**彼此**　分別指彼和此。彼，那一物體。此，這一物體。下文中彼此連文或單用而意思與此相同者，不另加注。

❿**謂**　稱呼。

⓫**彼**　指那一物體的稱謂。

⓬**彼謂**　那一稱謂。

⓭**不行**　不能通行。即行不通。

⓮**此**　指這一物體的稱謂。

⓯**此謂** 這一稱謂。

⓰**其以當不當** 這句是說，那是因為恰當的稱謂做了不恰當的稱謂的緣故。其，代指上面「彼謂不行」和「此謂不行」的情形。以，因為。當，恰當。指合適的稱謂。不當，「為不當」的省略語。即做了不恰當的稱謂。

⓱**不當而當** 把不恰當的稱謂用作恰當的稱謂。

⓲**亂** 混亂。指名實關係混亂。

⓳**彼彼** 那一物體的稱謂。前一「彼」字是代名詞，代指那一物體；後一「彼」字指那一物體的稱謂。

⓴**當乎彼** 適合於那一物體。

㉑**則唯乎彼** 就應該專屬於那一物體。

㉒**其謂行彼** 那稱謂只用於那一物體。

㉓**此此** 這一物體的稱謂。前一「此」字是代名詞，代指這一物體；後一「此」字指這一物體的稱謂。

㉔**當乎此** 適合於這一物體。

㉕**則唯乎此** 就應該專屬於這一物體。

㉖**其謂行此** 那稱謂只用於這一物體。

㉗**以當而當** 用恰當的稱謂做了恰當的稱呼。

㉘**正** 正常。指名實相符。

㉙**故彼彼止于彼** 所以那一物的稱謂，只限於那一物體。

㉚**此此止于此** 這一物體的稱謂只限於這一物體。

㉛**彼此而彼且此** 用那一物體的稱謂來稱呼這一物體，那就彼此混同了。彼此，用那一物體的稱謂來稱呼這一物體。彼且此，彼就是此。即彼此混同。

㉜**此彼而此且彼** 用這一物體的稱謂去稱呼那一物體，那就此彼混同了。此彼，用這一物體的稱謂去稱呼那一物體。此且彼，此就是彼。即此彼混同。

【語譯】

用名實相符，去糾正名實不相符；而不應該根據那些名實不相符的情形，去懷疑名實相符。所謂糾正，就是糾正本體的位置。糾正了本體的位置，也就糾正了物體的稱謂了。

物體的名稱正確，那麼，那一物體和這一物體的名稱就應該專屬。如果稱呼那一物體的稱謂不專屬那一物體，那一稱謂就不能通行；稱呼這一物體的稱謂不專屬這一物體，這一稱謂就不能通行。那是因為恰當的稱謂做了不恰當的稱謂的緣故。把不恰當的稱謂做了恰當的稱謂，名與實的關係便混亂了。

因此，那一物體的稱謂適合於那一物體，就應該專屬那一物體，那稱謂只用於那一物體；這一物體的稱謂適合於這一物體，就應該專屬這一物體，這稱謂只用於這一物體。這就用恰當的稱謂做了恰當的稱呼，用恰當的稱謂去稱呼恰當的物體，名和實就相符合了。

所以，那一物體的稱謂只限於那一物體，這一物體的稱謂只限於這一物體，是可行的。用那一物體的稱謂來稱呼這一物體而使得彼此混同，用這一物體的稱謂去稱呼那一物體而使得此彼不分，是不可行的。

夫名❶，實謂❷也。知此之非此❸也，知此之不在此❹也，則不謂❺也；知彼之非彼❻也，知彼之不在彼❼也，則不謂也。

至❽矣哉！古之明王❾。審其名實❿，慎其所謂⓫。至矣哉！古之明王。

【章旨】

總括全文，歸結到名實關係的掌握和運用方面，提出要重視「實」的變化，隨著實的變化而變更名稱，並以古代賢明的帝王，作為善於掌握和運用名實關係的榜樣。

【注釋】

❶名　名稱；概念；稱謂。

❷實謂　物的稱謂。實，實在；本體。這裡指具體的物。謂，稱謂。

❸知此之非此　已經知道這個物體不是本來狀態了。前一「此」字指這個物體，後一「此」字指這個物體的本來狀態。

❹知此之不在此　已經知道這個物體不在本來的時空位置上了。即前面所說的「出其所位」了。前一「此」字指這個物體，後一「此」字指這個物體的時空位置。

❺則不謂　就不應該用它原來的稱謂去稱呼它了。

❻知彼之非彼　已經知道那一物體不是它本來的狀態了。前一個「彼」字指那一物體，後一個「彼」字指那一物體的本來狀態。

❼知彼之不在彼　已經知道那個物體不在它本來的位置上。前一「彼」字指那個物體，後一「彼」字指那個物體的時空位置。

❽至　極；極點。

❾古之明王　古代的賢明帝王。

❿審其名實　審核名稱和實物是否相符合的情況。

⓫慎其所謂　謹慎地使用稱謂。

【語譯】

名稱，本來就是具體的物的稱謂。既然已經知道這一物體不是本來的狀態了，已經知道這一物體不在本來的時空位置上了，那就不應該用它原來的稱謂去稱呼它。既然已經知道那一物體不是本來的狀態了，已經知道那一物體不在本來的時空位置上了，那就不應該用它原來的稱謂去稱呼它。

賢明到了極點啊，古代的帝王！他們認真地審核名稱和實物的情況，謹慎地使用稱謂，賢明到了極點啊！古代的帝王。

後記

本書的原文，主要是根據兩個舊注本，即宋朝謝希深注的《公孫龍子》，和清朝辛從益的《公孫龍子注》，也參校了近代和現代人的一些注釋本。對於原文中的許多異文，本書擇善而從，還吸收了現代人對異文的考訂成果。取捨的原則是曉暢易讀，不追求版本的名貴。為節約篇幅計，不出校記。

在注釋方面，本書力求詳細，不僅注字詞，也注整句，目的在於求得文意的貫通，方便於讀懂原文。語譯的原則是，盡可能的貼近原文，而又通順易讀，不做過多的文字修飾，以防走樣。

《公孫龍子》書的文字簡古，說理多迂迴曲折，因而頗多歧義，往往一字一語的理解不同，便影響到文章的大旨，例如白馬非馬的「非」字，有的解釋為「不是」，有的解釋為「不同於」，白馬不是馬，和白馬不同於馬，兩個解釋相去甚遠，這已關係到本篇的命題的性質，故本書特意在導讀中做了辯析，以備一解。

本書的撰寫，曾經廣泛參閱了幾種舊注本和多種今注本，還參考了幾種有影響的哲學史專著，並從中吸收了一些見解，謹此致謝。至於這個本子中的缺點與謬誤，則懇請讀者和方家指正。

丁成泉

一九九五年十月

古籍今注新譯叢書

【哲學類】

書名	注譯	校閱
新譯四書讀本	謝冰瑩、邱燮友等編譯	
新譯學庸讀本	王澤應注譯	
新譯論語新編解義	胡楚生編著	
新譯孝經讀本	賴炎元、黃俊郎注譯	
新譯易經讀本	郭建勳注譯	黃俊郎校閱
新譯周易六十四卦經傳通釋	黃慶萱注譯	
新譯乾坤經傳通釋	黃慶萱注譯	
新譯易經繫辭傳解義	吳　怡著	
新譯禮記讀本	姜義華注譯	黃俊郎校閱
新譯儀禮讀本	顧寶田、鄭淑媛注譯	黃俊郎校閱
新譯孔子家語	羊春秋注譯	周鳳五校閱
新譯老子讀本	余培林注譯	
新譯帛書老子	趙　鋒注譯	
新譯老子解義	吳　怡著	
新譯莊子讀本	黃錦鋐注譯	
新譯莊子讀本	張松輝注譯	
新譯莊子本義	水渭松注譯	
新譯莊子內篇解義	吳　怡著	
新譯列子讀本	莊萬壽注譯	
新譯管子讀本	湯孝純注譯	李振興校閱
新譯墨子讀本	李生龍注譯	李振興校閱
新譯公孫龍子	丁成泉注譯	黃志民校閱
新譯晏子春秋	陶梅生注譯	葉國良校閱
新譯鄧析子	徐忠良注譯	劉福增校閱
新譯荀子讀本	王忠林注譯	
新譯尹文子	徐忠良注譯	黃俊郎校閱
新譯尸子讀本	水渭松注譯	陳滿銘校閱
新譯鶡冠子	趙鵬團注譯	
新譯鬼谷子	王德華等注譯	
新譯韓非子	賴炎元、傅武光注譯	
新譯呂氏春秋	朱永嘉、蕭　木注譯	黃志民校閱
新譯韓詩外傳	孫立堯注譯	
新譯淮南子	熊禮匯注譯	侯迺慧校閱
新譯春秋繁露	朱永嘉、王知常注譯	
新譯新書讀本	饒東原注譯	黃沛榮校閱
新譯新語讀本	王　毅注譯	黃俊郎校閱
新譯潛夫論	彭丙成注譯	陳滿銘校閱
新譯論衡讀本	蔡鎮楚注譯	周鳳五校閱
新譯申鑒讀本	林家驪、周明初注譯	周鳳五校閱
新譯人物志	吳家駒注譯	黃志民校閱
新譯張載文選	張金泉注譯	
新譯近思錄	張京華注譯	
新譯傳習錄	李生龍注譯	
新譯呻吟語摘	鄧子勉注譯	

新譯明夷待訪錄　李廣柏注譯　李振興校閱

【文學類】

新譯詩經讀本　滕志賢注譯
新譯楚辭讀本　林家驪注譯
新譯楚辭讀本　傅錫壬注譯
新譯文心雕龍　羅立乾注譯
新譯六朝文絜　蔣遠橋注譯
新譯世說新語　劉正浩、邱燮友等注譯
新譯昭明文選　周啟成等注譯
新譯古文觀止　謝冰瑩、邱燮友等注譯
新譯古文辭類纂　黃　鈞、葉幼明等注譯
新譯樂府詩選　溫洪隆、溫　強注譯
新譯古詩源　馮保善注譯
新譯千家詩　邱燮友、劉正浩注譯
新譯詩品讀本　程章燦、成　林注譯
新譯花間集　朱恒夫注譯
新譯南唐詞　劉慶雲注譯
新譯絕妙好詞　聶安福注譯
新譯唐詩三百首　邱燮友注譯
新譯宋詩三百首　陶文鵬注譯
新譯宋詞三百首　汪　中注譯
新譯宋詞三百首　劉慶雲注譯
新譯元曲三百首　賴橋本、林玫儀注譯
新譯明詩三百首　趙伯陶注譯
新譯清詩三百首　王英志注譯
新譯清詞三百首　陳水雲等注譯
新譯唐人絕句選　卞孝萱、朱崇才注譯　齊益壽校閱
新譯唐才子傳　戴揚本注譯
新譯拾遺記　石　磊注譯
新譯搜神記　黃　鈞注譯
新譯唐傳奇選　束　忱、張宏生注譯　侯迺慧校閱
新譯宋傳奇小說選　束　忱注譯
新譯明傳奇小說選　陳美林、皋于厚注譯
新譯容齋隨筆選　朱永嘉等注譯
新譯明散文選　周明初注譯
新譯明清小品文選　鄭　婷注譯
新譯人間詞話　馬自毅注譯
新譯白香詞譜　劉慶雲注譯
新譯幽夢影　馮保善注譯
新譯菜根譚　吳家駒注譯
新譯小窗幽記　馬美信注譯
新譯圍爐夜話　馬美信注譯
新譯郁離子　吳家駒注譯
新譯歷代寓言選　黃瑞雲注譯
新譯賈長沙集　林家驪注譯
新譯揚子雲集　葉幼明注譯
新譯曹子建集　曹海東注譯　蕭麗華校閱
新譯建安七子詩文集　韓格平注譯
新譯阮籍詩文集　林家驪注譯　簡宗梧、李清筠校閱

新譯嵇中散集　崔富章注譯　莊耀郎校閱
新譯陸機詩文集　王德華注譯
新譯陶淵明集　溫洪隆注譯　齊益壽校閱
新譯江淹集　羅立乾、李開金注譯
新譯庾信詩文選　歸　青注譯
新譯初唐四傑詩集　李福標注譯
新譯駱賓王文集　黃清泉注譯　陳全得校閱
新譯王維詩文集　陳鐵民注譯
新譯孟浩然詩集　楊　軍注譯
新譯李白詩全集　郁賢皓注譯
新譯李白文集　郁賢皓注譯
新譯杜甫詩選　張忠綱、趙睿才、綦　維注譯
新譯杜詩菁華　林繼中注譯
新譯高適岑參詩選　孫欽善、陳鐵民注譯
新譯昌黎先生文集　周啟成等注譯　陳滿銘等校閱
新譯劉禹錫詩文選　閻　琦注譯
新譯柳宗元文選　卞孝萱、朱崇才注譯
新譯白居易詩文選　陶　敏、魯　茜注譯
新譯元稹詩文選　郭自虎注譯
新譯李賀詩集　彭國忠注譯
新譯杜牧詩文集　張松輝注譯　陳全得校閱
新譯李商隱詩選　朱恒夫、姚　蓉等注譯
新譯范文正公選集　沈松勤、王興華注譯　葉國良校閱
新譯蘇洵文選　羅立剛注譯
新譯蘇軾文選　滕志賢注譯

新譯蘇軾詞選　鄧子勉注譯
新譯蘇轍文選　朱　剛注譯
新譯曾鞏文選　高克勤注譯
新譯王安石文選　沈松勤注譯
新譯唐宋八大家文選　鄧子勉注譯
新譯柳永詞集　侯孝瓊注譯
新譯李清照集　姜漢椿等注譯
新譯陸游詩文集　韓立平注譯　彭國忠校閱
新譯辛棄疾詞選　聶安福注譯
新譯歸有光文選　鄔國平注譯
新譯唐順之詩文選　馬美信注譯
新譯徐渭詩文選　周　群等注譯
新譯薑齋文集　平慧善注譯　周鳳五校閱
新譯顧亭林文集　劉九洲注譯　黃俊郎校閱
新譯納蘭性德詞　馮　乾注譯
新譯方苞文選　鄔國平等注譯
新譯鄭板橋集　朱崇才注譯
新譯袁枚詩文選　王英志注譯
新譯李慈銘詩文選　潘靜如注譯
新譯聊齋誌異選　任篤行等注譯　袁世碩校閱
新譯閱微草堂筆記　嚴文儒注譯
新譯浮生六記　馬美信注譯
新譯弘一大師詩詞全編　徐正綸編著

歷史類

新譯史記	韓兆琦注譯	
新譯漢書	吳榮曾等注譯	
新譯後漢書	魏連科等注譯	
新譯三國志	吳樹平等注譯	
新譯資治通鑑	張大可、韓兆琦等注譯	
新譯史記—名篇精選	韓兆琦注譯	
新譯尚書讀本	吳　璵注譯	
新譯尚書讀本	郭建勳注譯	
新譯周禮讀本	賀友齡注譯	
新譯逸周書	牛鴻恩注譯	
新譯左傳讀本	郁賢皓等注譯	傅武光校閱
新譯公羊傳	雪　克注譯	周鳳五校閱
新譯穀梁傳	顧寶田注譯	葉國良校閱
新譯春秋穀梁傳	周　何注譯	
新譯戰國策	溫洪隆注譯	陳滿銘校閱
新譯國語讀本	易中天注譯	侯迺慧校閱
新譯說苑讀本	左松超注譯	
新譯說苑讀本	羅少卿注譯	周鳳五校閱
新譯新序讀本	葉幼明注譯	黃沛榮校閱
新譯吳越春秋	黃仁生注譯	李振興校閱
新譯西京雜記	曹海東注譯	李振興校閱
新譯列女傳	黃清泉注譯	陳滿銘校閱
新譯越絕書	劉建國注譯	黃俊郎校閱
新譯燕丹子	曹海東注譯	李振興校閱
新譯東萊博議	李振興、簡宗梧注譯	
新譯唐六典	朱永嘉、蕭　木注譯	
新譯唐摭言	姜漢椿注譯	

【宗教類】

新譯金剛經	徐興無注譯	侯迺慧校閱
新譯高僧傳	朱恒夫、王學均等注譯	潘栢世校閱
新譯碧巖集	吳　平注譯	
新譯百喻經	顧寶田注譯	
新譯楞嚴經	賴永海、楊維中注譯	
新譯梵網經	王建光注譯	
新譯圓覺經	商海鋒注譯	
新譯法句經	劉學軍注譯	
新譯六祖壇經	李中華注譯	丁　敏校閱
新譯禪林寶訓	李中華注譯	潘栢世校閱
新譯維摩詰經	陳引馳、林曉光注譯	
新譯經律異相	顏洽茂注譯	
新譯阿彌陀經	蘇樹華注譯	
新譯無量壽經	邱高興注譯	
新譯無量壽經	蘇樹華注譯	
新譯妙法蓮華經	張松輝注譯	丁　敏校閱
新譯景德傳燈錄	顧宏義注譯	
新譯大乘起信論	韓廷傑注譯	潘栢世校閱
新譯釋禪波羅蜜	蘇樹華注譯	
新譯八識規矩頌	倪梁康注譯	
新譯永嘉大師證道歌	蔣九愚注譯	
新譯華嚴經入法界品	楊維中注譯	
新譯地藏菩薩本願經	李承貴注譯	

新譯悟真篇　劉國樑、連　遙注譯
新譯无能子　張松輝注譯
新譯坐忘論　張松輝注譯
新譯列仙傳　張金嶺注譯　陳滿銘校閱
新譯抱朴子　李中華注譯　黃志民校閱
新譯神仙傳　周啟成注譯
新譯性命圭旨　傅鳳英注譯
新譯老子想爾注　顧寶田、張忠利注譯　傅武光校閱
新譯周易參同契　劉國樑注譯　黃沛榮校閱
新譯道門觀心經　王　卡注譯　黃志民校閱
新譯養性延命錄　曾召南注譯　劉正浩校閱
新譯樂育堂語錄　戈國龍注譯
新譯沖虛至德真經　張松輝注譯　周鳳五校閱
新譯長春真人西遊記　顧寶田等注譯
新譯黃庭經・陰符經　劉連朋等注譯

【軍事類】

新譯司馬法　王雲路注譯
新譯尉繚子　張金泉注譯
新譯三略讀本　傅　傑注譯
新譯六韜讀本　鄔錫非注譯
新譯吳子讀本　王雲路注譯
新譯孫子讀本　吳仁傑注譯
新譯李衛公問對　鄔錫非注譯

【教育類】

新譯爾雅讀本　陳建初等注譯
新譯顏氏家訓　李振興、黃沛榮等注譯
新譯聰訓齋語　馮保善注譯
新譯曾文正公家書　湯孝純注譯　李振興校閱
新譯三字經　黃沛榮注譯
新譯百家姓　馬自毅、顧宏義注譯
新譯幼學瓊林　馬自毅注譯　陳滿銘校閱
新譯增廣賢文・千字文　馬自毅注譯　李清筠校閱
新譯格言聯璧　馬自毅注譯

【政事類】

新譯商君書　貝遠辰注譯　陳滿銘校閱
新譯鹽鐵論　盧烈紅注譯　黃志民校閱
新譯貞觀政要　許道勳注譯　陳滿銘校閱

【地志類】

新譯山海經　楊錫彭注譯
新譯水經注　陳橋驛、葉光庭注譯
新譯佛國記　楊維中注譯
新譯大唐西域記　陳　飛、凡　評注譯　黃俊郎校閱
新譯洛陽伽藍記　劉九洲注譯　侯迺慧校閱
新譯徐霞客遊記　黃　珅注譯　黃志民校閱
新譯東京夢華錄　嚴文儒注譯　侯迺慧校閱